JEAN ROTROU

Dit « LE GRAND »

STATUE DE JEAN ROTROU

A DREUX

Gr. extraite de *l'Illustration*.

JEAN ROTROU

Dit « LE GRAND »

Ses Ancêtres et ses Descendants

SA VIE

Coup-d'Œil sur l'Art à son Epoque et sur ses Œuvres

CHRONIQUES EXTRAITES DES MANUSCRITS

D'une de ses Petites-Nièces

LA COMTESSE OLYMPE MILON DE LERNAY

COMPTE-RENDU DE LA SOLENNITÉ DU 30 JUIN 1867

Pour l'Inauguration de la Statue

« DU POÈTE ILLUSTRE, MAGISTRAT HÉROIQUE »

A DREUX, sa Patrie

NOTICES SUR SAINT-GENEST ET VENCESLAS

DREUX

CH. LEMENESTREL, IMPRIMEUR-ÉDITEUR, RUE D'ORLÉANS

1869

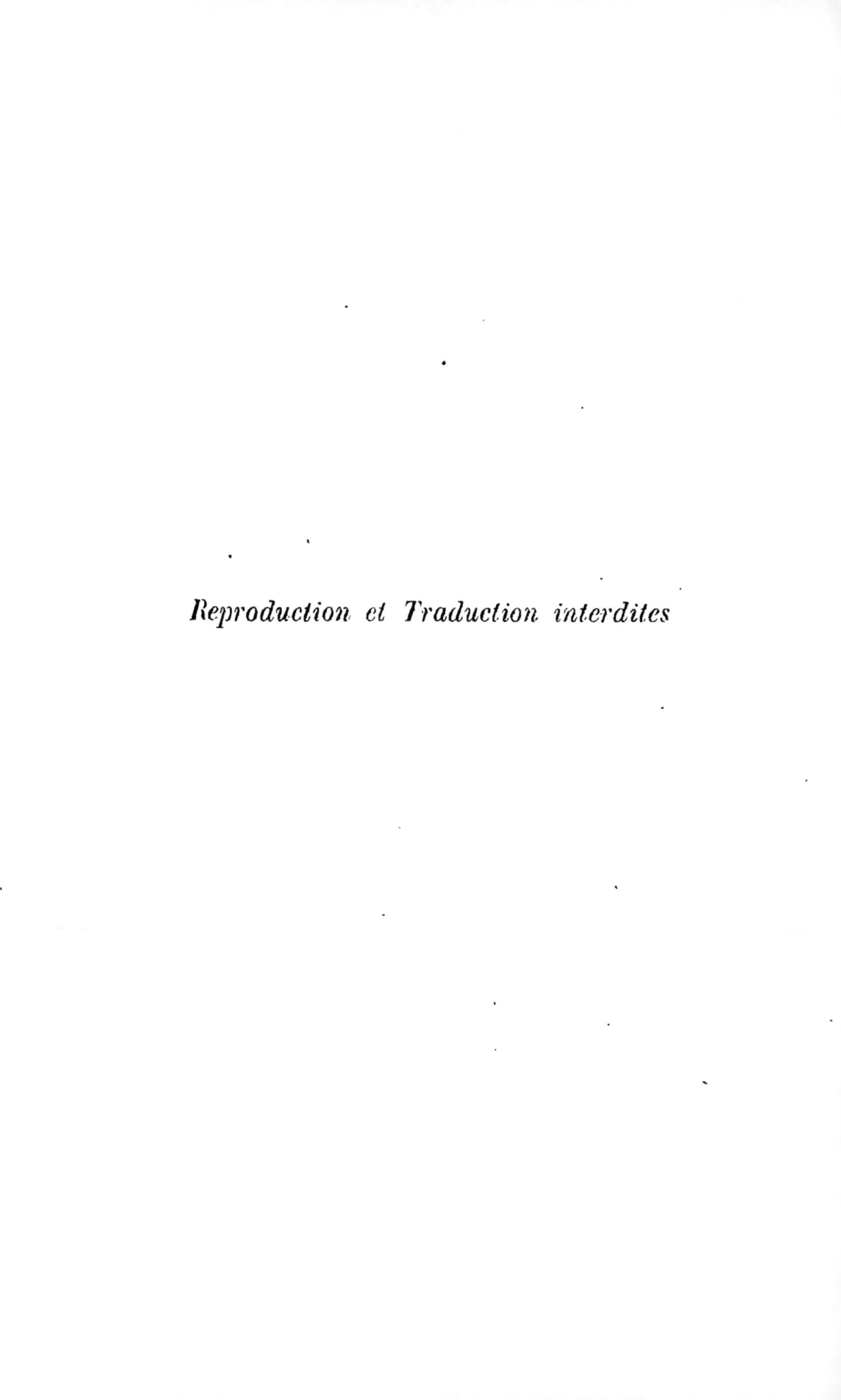

DÉDIÉ

AUX ORATEURS ÉMINENTS

Qui ont célébré Rotrou

LE 30 JUIN 1867

LETTRES

de M. le Comte de FALLOUX, de M. LEGOUVÉ

de l'Académie Française

ET

de M. Édouard THIERRY

Administrateur général de la Comédie-Française

Nous sommes heureux de pouvoir placer ici les lettres de M. le Comte de Falloux, de M. Legouvé et de M. Thierry, adressées à l'une des sœurs de Madame la Comtesse Olympe Milon de Lernay, au sujet de notre brochure. Ces lettres sont pour nous le témoignage d'une sympathie trop précieuse à notre œuvre pour que nous n'ayons pas revendiqué l'honneur de les reproduire.

Bourg-d'Iré, 7 Novembre 1868.

MADAME LA COMTESSE,

Je suis infiniment reconnaissant que vous ayez bien voulu m'associer déjà aux hommages rendus à votre illustre ancêtre, et je vous offre d'avance une vive gratitude pour toute part que vous voudriez bien encore me faire dans l'avenir.

Je conserverai précieusement la belle photographie du buste de Rotrou que vous avez eu la bonté de m'envoyer. Elle respire tous les nobles sentiments qui ont rendu ce nom impérissable, et tout ce qui peut contribuer à populariser une telle mémoire est un véritable service rendu à la famille des lettres tout entière.

Veuillez donc agréer, Madame la Comtesse, mes vœux les plus sincères, ma reconnaissance la plus profonde et mon hommage le plus respectueux.

A. DE FALLOUX.

P. S. — Vous devez recevoir, par le même courrier, l'épreuve au sujet de laquelle je ne puis vous adresser que des félicitations.

Seine-Port, 6 *Novembre* 1868.

MADAME,

Je suis fort reconnaissant de l'envoi que vous avez bien voulu me faire et j'accepte avec beaucoup de plaisir la dédicace dont vous voulez bien m'honorer.

Veuillez agréer, Madame, l'assurance de mes sentiments les plus distingués et mes compliments pour ce que j'ai lu de votre ouvrage; il me paraît tout-à-fait digne du sujet.

Votre très-respectueux serviteur,

E. LEGOUVÉ.

Paris, 17 *Novembre* 1868.

MADAME LA COMTESSE,

Je vous demande pardon d'avoir retenu si longtemps les épreuves de votre livre sur le grand Rotrou. Je voulais me donner le plaisir de les lire, et ce plaisir m'a rendu indiscret.

Avec mes excuses, recevez mes remercîments pour la part trop flatteuse que vous avez bien voulu me faire dans votre ouvrage. Le discours que j'ai écrit sur votre illustre aïeul vous appartient tout entier; usez-en ainsi qu'il vous plaira. Je n'y voudrais retrancher qu'un passage, celui où j'ai parlé d'un exemplaire de *la Bague de l'Oubli* donné par Rotrou à Molière et portant les deux noms écrits sur la première page. Il me semble que j'ai déjà laissé percer un doute sur l'authenticité de cette relique; aujourd'hui, ce doute a pris encore bien plus de force; mais laissons les choses telles qu'elles sont pour le moment et permettez-moi de me dire, Madame la Comtesse,

Votre bien dévoué et reconnaissant serviteur,

EDOUARD THIERRY.

Un beau souvenir a été récemment évoqué! L'ombre qui depuis deux siècles couvrait le nom d'un homme éminent, a fui sous le rayonnement de hautes intelligences modernes saluant dans le passé le précurseur d'un art jusqu'alors inconnu. La reconnaissance et l'amour d'une antique cité ont glorifié la mémoire d'un grand poète et d'un grand citoyen ; la vieille ville de Dreux, dans un brillant jour de fête, élevait enfin un monument à Jean de Rotrou (1)!

« Les statues d'une nation, ses monuments publics, doivent être le résumé populaire, la

---

(1) Fête d'inauguration de la statue de Rotrou le 30 juin 1867, voir plus loin le compte rendu de la cérémonie.

tradition toujours présente de son histoire, et de génération en génération un puissant appel à l'intelligence, à la vertu, au patriotisme (1). »

Dieu, avare des hommes de génie, ne limite pas leur action bienfaisante au siècle qui les a vu naître; il leur donne le droit, il leur impose le devoir d'éclairer indéfiniment l'avenir : il y a donc à puiser dans le souvenir de Rotrou des enseignements utiles, des leçons touchantes, qu'il nous a paru précieux de populariser.

Et n'est-ce pas au moment où le philosophisme impie dresse la tête, alors qu'il prend les armes et qu'il arbore ses drapeaux en élevant des statues à la personnification de ses principes perturbateurs, que l'honnête, le grand, le beau doivent être mis sur le pavois et promenés dans le camp des intelligences, comme autrefois les rois nos aïeux, pour recevoir l'adhésion des cœurs et les promesses de la fidélité !...

Rotrou prêt à paraître devant Dieu se félicitait d'avoir toujours rendu à la poésie un culte qui ne fut ni corrompu ni corrupteur. Il écrivait à Corneille le 20 juin 1650, c'est-à-dire huit jours avant sa mort : « Comme vous, j'ai travaillé toute

---

(1) M. le comte de Falloux, discours d'inauguration.

ma vie à élever mon esprit et mon âme. On ne dira pas que nous avons fait de la sainte poésie un art corrupteur! Au lieu d'exciter les passions et d'encourager les faiblesses, notre théâtre sera l'école du devoir, de la vertu et de l'héroïsme; c'est une douce et consolante pensée pour le cœur d'un mortel qui s'apprête à paraître devant Dieu. »

« L'artiste est apôtre né, a dit quelque part une petite nièce de Rotrou (1). Sa mission est divine, sa tâche est sociale, son œuvre est un fruit de vie ou de mort; car les sens, l'imagination, le cœur, tout est à lui. Le génie est un roi, l'artiste est son ministre; s'il trahit son souverain, s'il le conduit dans des voies iniques, s'il le tue et le traîne dans la fange, qu'il soit maudit; car il a péché contre le monde et contre Dieu. »

Plus Rotrou s'éleva dans les régions de la foi et de la moralité, plus son talent acquit de puissance magistrale.

« De nobles fonctions sérieusement acceptées et sérieusement remplies, nous dit M. Thier-

---

(1) La comtesse Olympe Milon de Lernay : « *De l'Apostolat artistique, projet d'album populaire.* »

ry (1), consommèrent en lui l'honnête homme, qui acheva le poète. »

C'est parce que Rotrou a su dans sa vie privée « réaliser le bien » « qu'avec simplicité il atteignit par sa mort au degré de l'héroïsme, » et, comme le dit encore si bien M. Thierry, « pour lui tout fut aisé, même d'être héroïque à l'égal de ses héros et de rencontrer une mort admirable, ainsi qu'il eût fait un beau vers. »

« Il y avait en Rotrou deux hommes qui, réunis, font de lui un véritable grand homme : sa renommée littéraire, associée et comme attachée à sa mort héroïque, a reçu de cette mort je ne sais quel reflet d'immortelle grandeur; au lieu de lui élever une statue, on aurait pu lui en élever deux : la première au poète, la seconde au citoyen (2). »

« Vous avez donc fait, Messieurs, un acte de patriotisme, ajoute M. de Falloux en s'adressant à une brillante assemblée captivée par le charme de sa parole, vous avez vous-mêmes mérité la gratitude publique en rappelant par ce grand

---

(1) M. Thierry, directeur du Théâtre-Français, discours d'inauguration.

(2) M. Legouvé, membre de l'Académie française, discours d'inauguration.

modèle aux hommes de bien ce qu'ils doivent aux lettres, aux hommes de lettres ce qu'ils doivent au bien (1). »

Si, comme nous le disions plus haut, il appartient aux hommes de génie de rayonner dans l'avenir, nous pouvons ajouter qu'il leur est permis de faire d'heureux legs à leur postérité, en perpétuant jusques à leurs neveux quelques-unes des richesses spéciales de leur intelligence, quelques-uns des caractères propres à leur âme et à leur cœur.

Une petite nièce de Rotrou, n'ayant eu pour mobile que le dévoûment, pour couronne qu'une mort chrétienne, nous fournit la preuve de notre assertion.

La comtesse Milon de Lernay a laissé des œuvres empreintes à la fois de force et de douceur, d'élévation et de charme.

Nous avons trouvé dans les manuscrits laissés par elle, les notes qui ont servi à tracer les chroniques qu'on va lire sur la vie et les œuvres de son noble ancêtre et sur différents personnages intéressants de la lignée du grand homme. Il aurait été difficile de puiser à une source plus

(1) Même séance d'inauguration à Dreux 30 juin 1867.

certaine des documents plus authentiques. Vouée au culte des saintes traditions de la famille, la comtesse de Lernay se dédommageait parfois des tristesses du présent, en fouillant dans les souvenirs du bon vieux temps.

Nous lui devons de gracieux récits qui formeront le bouquet de notre publication.

On comprendra que la première partie de cet ouvrage rappelle un peu les travaux de bibliothèque; car, avant d'arriver à l'époque moderne et à ce qui concerne spécialement Jean de Rotrou, il était bon de présenter au lecteur ce que beaucoup de documents épars offrent de plus remarquable, sur l'origine et la descendance d'une famille qui a fourni plusieurs hommes éminents aux fastes de la patrie.

Du reste nous avons eu soin de mêler à ce qui pourrait paraître aride quelques passages de cette prose poétique et colorée due aux esprits éminents qui viennent de célébrer Rotrou; ils jetteront ainsi leurs étincelles au milieu de ces chroniques.

A leur suite se trouveront de nombreux fragments des différentes œuvres de Rotrou. Ses beaux vers enfouis dans de gros et nombreux volumes peuvent être l'objet d'un culte pour les sérieux bibliophiles, mais ils restent à peu près inconnus à la jeunesse actuelle et se trouveront ainsi à la portée de tous.

L'Éditeur.

I.

L'ADOPTION définitive du nom de *Rotrou*, comme désignation patronymique de plusieurs individus appartenant à la famille des souverains du Perche, apparaît dans l'histoire vers l'an 955 (sous le règne du roi Lothaire).

Il y est dit que Rotrou Ier, l'un des fils de Geoffroi, prince du Perche, comte de Mortagne, seigneur de Montfort, de Nogent (1) et vicomte de Châteaudun, se joignit à Thibaut, comte de Chartres, pour faire la guerre à Richard, duc de Normandie. »

Rotrou IIe du nom, comte de Bellesme, du Perche, etc., partit pour la croisade en 1096 et se distingua au siége d'Antioche. Ce Rotrou est mentionné à Versailles, même date, salle des croisades.

Les annales du XIIe siècle rapportent qu'un Rotrou (2), « l'un des seigneurs les plus distingués de son temps, » ayant pris la mer sur *la Blanche-Nef*, le 25 novembre 1120, faisait voile de Harfleur vers Londres, en compagnie de Ma-

---

(1) On sait que Nogent-le-Rotrou est dans l'ancien Perche.

(2) Certains auteurs disent Rotrou II, d'autres Rotrou III.

thilde, sa femme, fille de Henri Ier roi d'Angleterre, puis de Guillaume, de Richard et de la princesse Adèle, autres enfants de ce prince ; du comte et de la comtesse de Chester, de seize dames de la cour, du frère de l'évêque de Coutances et de divers autres personnages d'importance, au nombre de cent soixante, qui, avec le reste de l'équipage, composaient le chiffre de trois cent soixante-trois individus.

On était encore en vue des côtes de France, lorsque le vaisseau fut assailli par une affreuse tempête ; de mémoire d'homme on n'avait vu les flots soulevés avec une telle fureur ; la mort était imminente et la terreur semblait avoir paralysé chacun des passagers, lorsque Rotrou, dominant tout sentiment de crainte et trouvant dans son cœur de chrétien la formule d'une prière pleine de confiance, leva les mains au ciel et fit vœu de bâtir une église « en l'honneur de la mère de Dieu » s'il échappait au sort qui le menaçait. Le Seigneur se montra favorable à cet élan de foi : Plus heureux que tant d'illustres compagnons, que l'héritier du trône d'Angleterre lui-même, Rotrou parvint à gagner le rivage. Il accomplit sa promesse et fit donner au dôme du temple la forme d'un navire renversé, afin de mieux assurer dans la mémoire des peuples le souvenir du bienfait et celui de la reconnaissance. A l'église s'adjoignit bientôt un monastère, devenu célèbre depuis sous le nom de *la Trappe*.

Un auteur nous a donné l'explication du surnom populaire imposé à la double fondation de l'église et du couvent, et qui est devenu par la suite la dénomination propre à la congrégation qui vint s'y établir.

Trappe, dans le patois du Perche, signifie degré, vraisemblablement de *trapan*.

Par *Notre Dame de la Trappe* on doit donc entendre *Notre Dame des Degrés*, d'où s'est formé le nom de *Trappiste*.

Rotrou IV, fils du précédent, se montra comme lui chrétien fervent et chevalier loyal, en prenant fidèlement les dispositions qui devaient concourir au perfectionnement de l'œuvre sainte, si chère au cœur de son père.

Au moment de partir pour la Palestine, il voulut faire au nouvel établissement des donations importantes (1), auxquelles se prêtèrent Harwize, son épouse, et ses deux fils Rotrou et Etienne (2).

Un document qui donne la description d'une cérémonie de consécration concernant le monastère en 1214, nous apprend qu'au milieu des membres de l'imposante assemblée qui fut convoquée pour la circonstance « Thomas, comte du Perche, arrière-petit-fils du fondateur (3), tenait un rang distingué, car avec le sang de ses pères, leurs titres et leurs vastes domaines, il avait reçu en héritage leur zèle pour la religion et leur attachement pour le monastère de la Trappe. »

Dans une histoire de Champagne manuscrite (Bibliothè-

---

(1) Parmi les terres dont le couvent fut doté on remarquait celle de Laigny (aujourd'hui Logny), dans la paroisse St-Hilaire-les-Mortagne.

(2) Cet Etienne devint archevêque de Palerme et chancelier du royaume de Sicile.

Certains auteurs le disent fils de Rotrou II, et font entrer dans la vie de ce Rotrou II tous les événements qui se trouvent selon d'autres attribués aux deux Rotrou ici mentionnés; pour cela ils lui supposent un double mariage. Il nous a semblé que le parti adopté ici donnait un accord plus naturel entre la succession des faits et celle des dates.

(3) Soit Rotrou II, soit Rotrou III.

que de l'Arsenal), on trouve cité un Geoffroi de Rotrou devenu beau-frère de la reine Eléonore, épouse de Louis VII, par son mariage avec Mahambaut, l'une des petites-filles de Thibaut le Grand, comte de Champagne; ceci se passait de 1126 à 1151.

Le comté du Perche vint à tomber en quenouille faute d'héritier masculin direct, et il échut à Hélissandre, fille du petit-fils de Rotrou IV (que nous croyons être Thomas).

Hélissandre se trouva sous la tutelle de Guillaume, évêque de Châlons, son oncle, lequel prit selon l'usage la qualité de comte du Perche.

Hélissandre vint à la cour de Philippe-Auguste et, s'établissant définitivement près de la reine Blanche, céda bientôt à Louis IX son comté du Perche sous réserve d'usufruit.

Après la mort de la comtesse, un des collatéraux de la famille disputa le domaine à Louis IX, mais un accommodement rendit ce souverain légitime propriétaire de la seigneurie qui fut réunie depuis à la couronne d'une manière incommutable. Cela n'empêcha pas cependant que le titre de comte du Perche ne fût conservé aux descendants en ligne féminine de Rotrou (le naufragé) par une fille nommée Philippia, qui épousa Elie d'Anjou (fils puîné de Foulques, comte d'Anjou). C'est pourquoi l'aîné de cette branche porta réunis les noms de Rotrou et Anjou. On ne possède plus de documents qui puissent indiquer d'une manière positive ce qu'est devenue la postérité de ce nouveau Rotrou, né de deux branches cadettes.

Les historiens du comté du Perche et de celui de Dreux finissent par dire qu'une partie de sa lignée est établie à Montfort, dans le Maine, et l'autre dans le comté de Dreux.

D'après ce que nous apprennent Mézeray, le père Daniel

et l'abbé Valy, sur la dévastation de ce dernier pays par les Anglais, sous les règnes de Philippe de Valois, du roi Jean et de Charles VI, il n'est pas étonnant que les archives donnant la descendance des Rotrou fassent défaut.

En effet, les provinces du Perche et de la Normandie furent alors le théâtre de guerres sanglantes; le fer et la flamme multiplièrent leurs ravages, et la fureur de l'ennemi ne respecta pas plus les chartriers des monastères que les autres propriétés.

On comprend aussi parfaitement que, par la suite de ces lamentables événements, la noblesse de ces provinces ait été privée des moyens de se soutenir à la cour et dans les armées. On devra néanmoins observer qu'il ne s'est guère passé qu'un siècle entre l'existence des derniers Rotrou dont les historiens ont fait mention et celle des premiers de la famille dont nous allons donner la filiation.

Nous voici à la fin du XVe siècle et nous retrouvons des Rotrou originaires de Dreux en possession des premières dignités de cette ville; l'identité de lieux, les distinctions sociales et l'ancienneté d'origine que les documents constatent, doivent faire présumer que cette famille est issue de la branche d'Anjou greffée à celle de Rotrou au temps d'Elie et de Philippia.

Forcés à cet égard de nous en tenir aux probabilités, hâtons-nous d'arriver à l'époque où nous pouvons présenter la certitude.

Les plus anciens magistrats dont les registres de la ville de Dreux fassent mention portent le nom de Rotrou. Ils sont les souches de la descendance dans laquelle on trouve jusqu'à nos jours neuf générations.

Jean de Rotrou, né vers 1450 (sous Charles VII), procureur au baillage et siége royal de Dreux, eut pour fils Thomas qui suit, puis *Alain,* chef d'une famille désignée ci-après et d'où proviennent les Rotrou encore subsistants.

II.

Branche des Seigneurs de Marsallins et de la Muette.

Thomas de Rotrou, écuyer, seigneur de Marsallins et de la Muette (lès Dreux), naquit en 1480; il fut lieutenant général de la dite ville en 1519 : il avait épousé vers l'an 1517 Jeanne, dame du fief de Villiers (1).

Il eut un fils qui naquit en 1520; ce fut Pierre dont les distinctions civiques nous sont attestées par une inscription moulée sur la grosse cloche de l'Hôtel-de-Ville de Dreux, dite Beffroi, et dont voici la teneur :

« L'an mil cinq cent soixante-un, le premier du règne « de Charles IX, roi de France et comte de Dreux, je fus « fondue au mois de novembre pour l'honneur de Dieu, « service du roi et communauté de Dreux.

« Lors, Messire Pierre Rotrou étant lieutenant général, « etc. »

---

(1) Voir aux notes à la fin.

L'année suivante, le même prince, Charles IX, adressa au corps municipal de Dreux une lettre dans laquelle Pierre de Rotrou est nommé avec éloge pour avoir maintenu la ville dans l'obéissance lors des troubles qui suivirent le colloque de Poissy.

Pierre de Rotrou eut cinq fils :

Jean, seigneur de Montaigu.

Charles, seigneur de Villiers.

Michel, seigneur de Marsallins.

Guillaume, seigneur de la Muette.

Gabriel, seigneur de Saint-Mars.

On rapporte que Jean et Michel, dévoués au roi Henri IV et tenant pour lui contre les ligueurs, furent tous deux faits prisonniers dans la ville de Dreux. Menés devant le conseil de la ville révoltée et publiquement interrogés, il fut décidé à la pluralité des voix que, « par considération pour la maison dont ils étaient issus, liberté leur serait rendue. »

Jean de Rotrou de Montaigu alla rejoindre à Nogent M. de Roquelaure qui en était commandant, et Michel de Rotrou de Marsallins alla s'unir aux efforts de son autre frère, Charles de Rotrou de Villiers, dans le château de Fernancourt qui résistait en faveur du Béarnais.

Plus tard, Charles étant parvenu à se rendre maître de tous les postes de Dreux pour le roi, Jean, qui voulut lui prêter main forte, trouva la mort dans un combat des faubourgs. Son corps fut porté dans la ville et inhumé en l'église de Saint-Pierre, dans la chapelle des Rotrou.

NOTES SUR LA CHAPELLE ET LES ARMES DES ROTROU.

« Cette chapelle était celle de Saint-Nicolas, concédée à Thomas de Rotrou, lieutenant général de Dreux, aïeul du dit Rotrou de Montaigu. « Leurs armes, dit en 1778 La Chesnaye-Desbois, archiviste, sont encore blasonnées sur le vitrage de la chapelle, les mêmes que celles désignées ci-après, au chapitre concernant la branche des seigneurs de Rotrou de Saudreville : De gueules au chevron d'or, accompagné au chef de deux molettes d'éperon à six piquants d'argent, et en pointe d'une rose aussi d'argent. » *Dictionnaire de la Noblesse, article Rotrou*, tom. 12.)

« Les armoiries ici décrites, remarque à son tour la comtesse de Lernay *(Notes et Extraits)*, sont en effet celles de la branche des Rotrou de Saudreville, à laquelle appartenait ma grand'mère (maternelle) Geneviève de Rotrou (fille de Michel-Chrétien de Rotrou, seigneur de Saudreville etc., etc., président au grand conseil sous Louis XV et Louis XVI), épouse du seigneur Menjot de Dammartin (en Brie). — Voir l'Armorial de Dubuisson, 2 v. in-12, Paris, 1757. »

Au sujet de ces armes, indiquées par La Chesnaye-Desbois comme subsistantes en 1778, nous trouvons le passage suivant dans une lettre au timbre de Dreux : « Il y avait dans l'église paroissiale de Saint-Pierre des armoiries qui, dit-on, appartenaient à la famille de Jean de Rotrou, lieutenant particulier au baillage de Dreux, poète et magistrat, mais la révolution les a effacées. » *(Lettre de M. La Mésange, adjoint au maire de Dreux, au comte Milon de Villiers*, 12 *mars* 1836.)

« En 1836 on donna le nom de Rotrou à la rue au Lait, près Saint-Pierre, en mémoire du célèbre poète Jean Rotrou, qui y est né en 1509. Cinq maisons revendiquent l'honneur d'avoir été son berceau; mais la deuxième à gauche, en entrant dans cette rue du côté de celle de Saint-Pierre, paraît être le vrai lieu de sa naissance. Nous savons en effet que cette maison était occupée, en 1645, par Claude Rotrou, maire de Dreux. Elle fut ensuite habitée par les héritières de Claude Rotrou, et l'on sait à Dreux que les demoiselles Rotrou vendirent la maison contiguë à M. Leroux, beau-père de M. Mésirard, maire actuel de Dreux. La porte cochère de cette maison a conservé, à la clef de son cintre ogival, un écusson à trois chevrons surmontés des restes d'une couronne.

« Suivant quelques-uns, ce seraient les armes de la maison du Plessis-Richelieu, qui étaient composées « d'un escu d'argent à trois chevrons de gueulle. » Cette maison, dit André du Chesne, a cet avantage signalé « d'estre descendue par divers degrés et moyens de plusieurs princesses de la famille royale de Dreux. » Mais nous pensons que ces armoiries sont celles des Rotrou, comtes du Perche. Si elles ne sont pas contemporaines de Robert de France, fils aîné de Louis le Gros, qui avait épousé la veuve de Rotrou II, comte du Perche, tué au siége de Rouen (1143), elles sont au moins de l'un de ses descendants. » (*Extrait d'un ouvrage intitulé : Documents historiques sur le comté et la ville de Dreux, par E. Lefèvre, chef de division à la préfecture d'Eure-et-Loir, Chartres*, 1859. *Note sur la maison de la rue au Lait.*)

A propos de l'opinion de cet auteur sur l'écu aux chevrons qu'il attribue aux Rotrou, nous ferons remarquer de notre côté que le chevron est un des emblêmes toujours retrouvé aux blasons des différentes branches de cette famille depuis les princes du Perche; seulement il varie de nombre et d'espèce.

L'écu de Rotrou II (à Versailles, salle des Croisades, 1096) donne deux chevrons de gueules sur champ d'argent.

Celui de la demeure des Rotrou de Dreux, en 1143, trois chevrons de gueules sur champ d'argent.

Et aux temps modernes, c'est-à-dire depuis les Rotrou de Marsallins jusqu'aux Rotrou de Saudreville encore subsistants, on retrouve au milieu d'emblèmes nouvellement acquis le chevron ; seulement il est d'or.

C'est à la science du blason à donner traduction en langage usuel des faits et gestes qui ont déterminé l'accroissement des signes sur ces blasons de différents âges.

III.

Branche des Seigneurs de Saudreville, Fourchainville, Toisy, la Ronce, etc.

Nous avons dit ci-avant que Jean de Rotrou, né vers 1450, sous Charles VII, avait eu deux fils : Thomas de Marsallins, dont nous venons de mentionner la postérité éteinte, puis *Alain*.

Cet Alain de Rotrou, seigneur de Saudreville, eut un fils, appelé Jean comme son grand'père. Ce fut *Jean Ier* dans la lignée qui va nous devenir contemporaine. Ce Jean Ier de Rotrou était maire de Dreux en 1581, sous Henri III. Il avait épousé Jeanne de la Censérie, dont il eut Jean de Rotrou, IIe du nom, né le 12 novembre 1578, et Germain, maire de Dreux en 1625, qui, ayant épousé Louise Neveu, devint père d'une descendance collatérale.

Jean II épousa Elisabeth le Fâcheux (fille de messire Jacques le Fâcheux, résidant à Chartres). Il eut trois filles et deux fils.

Jean III le poète qui suit, et *Pierre* dont nous parlerons plus loin, tous deux de mérite remarquable.

Jean de Rotrou, IIIe du nom, fut celui qui, pour son génie comme pour sa générosité d'âme, reçut de ses contemporains le surnom de « Grand. »

Rotrou se distingua d'abord par ses œuvres littéraires, et l'initiative de ses inspirations exerça une immense influence sur le monde artistique de son temps; car son talent s'annonçait à une époque où les esprits, fatigués de leurs ébats dans un cercle longtemps parcouru, se sentaient impatients d'apercevoir un nouvel horizon. On était rassasié de productions désormais répudiées par l'instinct qui faisait pressentir quelque chose de meilleur.

Le théâtre, à proprement parler, n'existait pas encore; cependant, l'attrait du public pour des représentations historiques ou fantastiques ayant donné lieu à celle des Mystères (dont l'usage remontait à l'époque des pèlerinages en Terre-Sainte), on avait déjà, sous Charles VI, concédé un droit d'établissement aux directeurs de ces divertissements jusqu'alors ambulants.

Bientôt les *sôties* de la compagnie des Enfants-Sans-Souci avaient fait irruption dans le domaine des émotions graves et pieuses, et, comme le risible est toujours facilement accueilli, les nouvelles mises en scène se trouvaient avoir prévalu peu à peu sur le droit d'aînesse des Mystères.

M. le directeur du Théâtre-Français, dans son discours à

l'occasion de la récente inauguration de la statue de Rotrou, à Dreux (1), a donné un exact aperçu des conditions dans lesquelles se produisaient les divertissements scéniques, avant l'ère nouvelle que marqua pour eux l'impatronisation à l'hôtel de Bourgogne.

« Il y avait à cette époque, dit M. Thierry avec sa parole pittoresque, plus de troupes foraines que de troupes sédentaires, et les troupes sédentaires ne différaient pas des autres par leurs coutumes.

« Les représentations se donnent quand on peut; on annonce le spectacle avec un tambour qui attroupe les enfants au coin des rues et un arlequin qui suit le tambour.

« Si les curieux ne répondent pas suffisamment à l'appel, on dit grand merci aux quelques bonnes gens qui se sont dérangés, et on remet au lendemain ou à huitaine; si l'assistance paraît devoir être honnête, ou peu s'en faut, on allume les chandelles et le spectacle commence. Les comédiens souperont ce jour-là, car après chaque représentation la recette se monte sur le théâtre et le portier de la comédie en fait immédiatement le partage.

« Quant à la salle, faute de celle de l'hôtel de Bourgogne ou du Marais, il n'est pas malaisé d'en trouver une. On loue le premier jeu de paume; on dresse au fond un plancher élevé sur des tréteaux et naïvement pourvu de deux échelles latérales, par où les acteurs descendent à leur gré dans le parterre pour s'y montrer en costumes avant la représentation. Le pourtour et les galeries existent; c'est la disposition naturelle du lieu; on n'enlève même pas les grands filets de cordes destinés à garantir les curieux du choc de

(1) 30 juin 1867.

quelques balles perdues et dont le souvenir se reproduit dans le treillage de nos loges grillées.

« Sur l'estrade, les gens du bel air qui ont le privilége d'être assis, manœuvrant leurs chaises comme il leur plaît, masquant le spectacle aux petites gens du parterre, se lèvent pendant la représentation, causent bruyamment et obligent le comédien qui joue à interrompre son désespoir ou ses fureurs pour réclamer le silence. »

On connaît cet a parté plaisant d'un acteur arrêté dans son élan dramatique par les jambes étendues d'un noble spectateur : « Pardon, monseigneur, il faut que je passe pour aller tuer Oreste. »

La coterie des clercs de la Bazoche s'était formée et jouait, comme les baladins de l'hôtel de la rue Manconseil, les œuvres des Michel, des Simon, des Grébar et des Gringoire; puis enfin avaient paru les pièces un peu moins mauvaises des Hardy, des Théophile Burier, des Scudéry et des Mairet.

Déjà ce dernier avait jeté quelques lueurs sur l'art dramatique, et ce fut alors que Rotrou parut.

IV.

Jean de Rotrou, dit le Grand.

Né le 21 août 1609 (1), Rotrou commença ses études à Dreux et vint les achever à Paris. Il étudia la philosophie sous l'abbé de Bréda. A l'âge où l'on s'ignore encore, il révéla son goût passionné pour la littérature dramatique.

« Enfant de génie, dit M. Thierry que nous aimons à citer, il parcourut en se jouant le cercle de ses humanités, et n'eut pas besoin de mettre un intervalle entre l'écolier et le poète, entre le temps d'étudier et celui de produire. »

Il avait dix-neuf ans lorsqu'il composa *l'Hypocondriaque ou le Mort amoureux*, tragi-comédie qui fut jouée avec grand succès par les comédiens de l'hôtel de Bourgogne, en 1628.

Rotrou dédia cette nouvelle production au comte de Soissons (dit dom Liron), qui l'honora de sa bienveillance et mettait son talent à contribution.

Deux autres pièces suivirent de près : *la Bague de l'Oubli*, qui, dans la même année, eut encore plus de succès que la première; puis *Cléagénor et Doristée*, dans la pré-

(1) Un an avant la mort de Henri IV, et lorsque Corneille avait environ 3 ans.

face de laquelle Rotrou dit « que cette comédie est la cadette de trente sœurs prêtes à voir le jour. »

On a perdu la trace de celles-là; il est probable qu'elles ont servi à défrayer ces troupes nomades qui pour quelques pistoles, acquéraient le droit de vulgariser les thèmes auxquels les acteurs en verve ajoutaient une ample dose de trivialité.

Quant aux autres pièces dont on a conservé le nom, elles ne sont pas toutes restées au théâtre. Des productions de ce genre seraient loin sans doute de pouvoir séduire le public d'aujourd'hui. Il ne faut cependant pas s'étonner de l'accueil qu'elles reçurent à l'époque de leur naissance : ainsi que nous l'avons dit, on était las de platitudes, et l'on sentait que les innovations du nouvel auteur étaient saines et conformes au bon goût.

Le jeune Rotrou trouvait tout naturellement les règles de ce bon goût dans la noblesse de son caractère, pendant que le public cédant à l'attrait irrésistible du beau, élevait ses sentiments à la hauteur de ceux qui lui étaient représentés.

Mairet avait déjà introduit la règle (qui de nos jours a produit tant de discussions!) d'achever l'action dans les vingt-quatre heures, règle dont sa tragédie de *Sophonisbe* montrait l'application.

Rotrou posa bientôt celle des autres unités, qu'il ne suivit pas néanmoins dans toutes ses pièces.

Nous oserons dire ici que ce fait nous prouve à quel point Rotrou sentait vivement la suprême valeur du vrai dans le domaine de l'art.

L'unité d'action est une loi raisonnable; mais celles de

temps et de lieu sont des entraves gratuitement imposées au développement naturel des événements.

Rotrou avait trop de génie pour ne pas savoir à propos secouer ces chaînes et s'en affranchir; cependant il est facile de concevoir qu'à l'époque où l'art tragique, longtemps méconnu et souvent profané par ses adorateurs mêmes, se dépouillait noblement de grossiers oripeaux et descendait des tréteaux de la rue pour se poser en roi devant un public de choix, on se sentit pressé d'un zèle ardent pour assurer son règne dans les hautes régions du bon goût. On voulait donner valeur, dignité, à l'imbroglio jusqu'alors pitoyablement décousu; mais, avec la très-bonne intention d'établir l'ordre et la concordance, on poussa jusqu'à l'exagération l'importance des règles qu'on venait de poser. Dès lors, en maintes circonstances, on vit l'action dramatique donner des signes de malaise; elle étouffait évidemment au milieu des lois de sa haute étiquette! Enfin, il arriva que, dans les productions de plusieurs de nos maîtres qui suivirent Rotrou, un symptôme plus grave se produisit: la vie y fit défaut!... et le jour vint, où toute œuvre classique inspira au public une répugnance extrême.

Ce fut un malheur!.... La cause du beau était sérieusement compromise.

En exagérant le goût de l'idéal, on l'avait séparé du naturel, pour mettre à la place un beau académique, un beau de convention; il devait y avoir réaction.

Cette réaction eut lieu en effet, et l'on rechercha le vrai avec une telle passion qu'on accueillit en même temps l'ignoble.

Nous avons assisté aux discussions, aux querelles des classiques et des romantiques; ces derniers ont triomphé en convoquant l'arrière-ban des réalistes, matérialistes, etc.

Désormais, en dépit de toutes les considérations, en dépit du bon sens même, un seul principe commande : celui de « la mise à effet, » et nous voyons chaque jour se multiplier des créations où s'unissent l'étrange et le révoltant! Qui pense à se faire scrupule de dépraver ainsi le goût des spectateurs?.... Il est inutile de constater pour eux de plus désastreux préjudices.

Tous les efforts de Rotrou tendaient à l'élévation des esprits, à l'ennoblissement des cœurs. A son époque, on n'eut pas compris que le talent d'écrire pût avoir un autre but!...

Un jour il écrivait au roi, en lui dédiant sa seconde pièce imprimée (*la Bague de l'Oubli*) : « Sire, puisqu'enfin la comédie est en ce point où les plus honnêtes récréations ne lui peuvent plus causer d'envie, où elle se peut vanter d'être la passion de toute la France et le divertissement même de votre majesté, je ne trouve plus de honte à paraître, et je fais gloire d'avoir aidé à la rendre belle comme elle est. »

« La postérité ne l'en a point dédit, affirme M. Thierry en citant comme nous cette lettre du poète honnête homme : « *Aider à rendre la comédie belle comme elle est*, belle comme elle devint après *le Cid*, après *le Menteur*, après *Andromaque*, ce fut le rôle de Rotrou, et, tandis qu'il croyait modestement n'avoir eu que sa part dans l'œuvre commune, la mémoire publique, le mettant à part, l'a regardé seul comme un précurseur, le précurseur du grand Corneille. »

Le XVIIe siècle ne contestait donc pas à l'art dramatique le droit d'exercer une mission? Les hautes et riches intelligences trouvaient donc gloire alors à mettre leurs inspirations au service des besoins moraux de la société?

On voit par le langage de Rotrou que le théâtre était considéré comme une école d'assainissement pour les cœurs, qu'il devait servir à provoquer en eux cet acte d'intime et sublime conversion, que Rotrou fait admirablement comprendre par les beaux vers placés dans la bouche d'un de ses personnages.

« Ma flamme a consumé ce qu'elle avait d'impur (1). »

C'est encore Rotrou qui disait à Corneille, dans une de ses dernières missives, ainsi qu'on l'a déjà rappelé dans l'avant-propos : « Comme vous, j'ai travaillé toute ma vie à élever mon esprit et mon âme; on ne dira pas que nous avons fait de la sainte poésie un art corrompu; au lieu d'exciter les passions et d'encourager les faiblesses, notre théâtre sera l'école du devoir, de la vertu, de l'héroïsme : c'est une douce et consolante pensée pour le cœur d'un mortel qui s'apprête à paraître devant Dieu. »

Signé, ROTROU. — *Dreux, 20 juin* 1650.

Oui, l'on peut affirmer avec bonheur, comme le constate M. de Falloux, à l'époque où Rotrou vivait, « les écrivains plaçaient leur but, les lecteurs leur estime, et presque tous leur règle, dans les plus hautes régions de l'ordre moral. » « C'est pourquoi, dit encore l'illustre écrivain, Rotrou, s'inspirant du théâtre espagnol et du théâtre grec, empruntant ses modèles, tantôt à la chevalerie, tantôt à l'antiquité, ne trouvait à la hauteur de sa généreuse nature que les mœurs souverainement empreintes de dignité et d'indépendance (1). »

---

(1) *Venceslas*, acte 2, scène II.

Il est évident qu'en effet le poète donnait à ses œuvres l'empreinte de son noble caractère, et, comme M. Thierry, nous adoptons facilement la belle tradition qui concerne l'homme célèbre. « Ces créations, dit-il, ressemblent à Rotrou, pour qui tout fut aisé, même d'être héroïque à l'égal de ses héros, et de rencontrer une mort admirable, ainsi qu'il eût fait un beau vers! » En lui « l'honnête homme achevait le poète! » Aussi « se fit-il dans son œuvre de théâtre une seconde magistrature (2). »

Il fit paraître en 1631 sa pièce des *Occasions perdues;* ce fut elle qui détermina pour le poète la bienveillance du ministre de Louis XIII.

De son côté, Corneille avait, par une circonstance fortuite, fait l'essai d'un talent dont lui-même ne soupçonnait pas l'étendue, dans une comédie intitulée *Mélite.*

Le cardinal de Richelieu discerna ce talent naissant, et ce fut dans les salons du ministre que Rotrou fit la connaissance de Corneille. Les deux génies se comprirent et s'aimèrent bientôt.

On connaît les prétentions de Richelieu au mérite d'auteur dramatique, et l'on sait que Rotrou, Corneille avec Bois-Robert, Colletet et l'Étoile, formaient ce conseil des cinq, chargé de vivifier les conceptions du cardinal.

Les deux premiers eurent donc l'occasion de s'apprécier par des travaux communs. Ils s'électrisèrent réciproquement, et leurs succès respectifs n'amenèrent jamais entre eux une rivalité fatale à leur estime ni à leur affection ; on

(1) Discours pour l'inauguration, 30 juin 1867.
(2) Discours d'inauguration.

peut dire qu'ils ne furent rivaux que pour s'attribuer réciproquement le développement de leur génie. Ils se fortifièrent mutuellement et le talent de l'un s'accrut par les travaux de l'autre.

Rotrou avait parcouru à peu près la moitié de sa carrière théâtrale en fournissant vingt pièces tragiques ou comiques, lorsque Corneille fit paraître *le Cid* (en 1636) ; ce fut alors que le premier comprit qu'il y avait dans la mine dramatique des beautés qu'il n'avait pas découvertes, et il sentit le besoin de revenir à l'étude des tragiques de l'antiquité. Il devait à Sophocle la révélation de son talent ; il explora les auteurs grecs pour se grandir, et bientôt il fit *Venceslas*, puis *Cosroës*, qui sont considérées comme les deux meilleures de ses tragédies.

S'il n'a pas produit un plus grand nombre d'ouvrages dignes de la scène moderne, il faut en accuser sa trop grande fécondité d'une part, de l'autre l'incorrection du langage alors usité, et surtout sa mort prématurée.

Ce fut en dix-neuf années qu'il composa plus de quarante œuvres de genres différents. Laya, biographe, dit fort judicieusement que Rotrou avait le sentiment du beau, et qu'il aspirait à le rendre, mais que les moyens lui manquaient, puisqu'il se servit pour écrire d'une langue qui n'était pas faite.

Son génie n'était-il donc pas propre aux efforts nécessaires pour la plier et la former? Il y aurait trop de sévérité à prononcer cet arrêt, soit contre Rotrou, soit contre Corneille, car les dernières pièces de Rotrou sont remarquables par la clarté du style, par la facilité de l'élocution, et l'on rencontre encore moins d'inversions forcées et de vétusté d'expressions dans *Venceslas* que dans *le Cid*. A peine si l'on trouve huit à dix vers à reprendre sous ce rapport dans la première tragédie; mais on voit les deux poètes, chacun dans leurs ouvrages successifs, purifier, ennoblir un langage qui a pris tant de beauté, sous la plume de Racine, comme sous celle de Bossuet, de Boileau, de Buffon, etc.

En général, les progrès ne se manifestent point instantanément, et il serait aussi injuste d'exiger la perfection chez ceux qui défrichent que de leur refuser notre reconnaissance; d'ailleurs, on trouve dans les pièces importantes de Rotrou l'esprit de conduite qu'il avait remarqué dans les œuvres de Corneille; en outre, il savait varier ses caractères, les mettre en opposition et les soutenir avec autant de fidélité que d'adresse. Il possédait le talent d'émouvoir en faisant jouer les ressorts des grandes passions et en exploitant avec bonheur des situations vraiment dramatiques.

Des biographes modernes ont jugé sa poésie bonne, forte et souvent élevée; ils lui reprochent trop peut-être la négligence du style et l'incorrection de la phrase, mais ils conviennent qu'il eût été plus expert s'il fût venu plus tard.

En somme, on lui doit d'avoir corrigé la licence du théâtre de son temps; il le purgea des basses équivoques, des saillies fastidieuses; il donna au dialogue la convenance et la dignité appropriée aux personnages qu'il mettait en scène, et l'on peut dire que, s'il manqua quelquefois à ses intentions manifestes, c'est qu'il se laissa entraîner par la contagion de ses devanciers et par le goût à la mode; mais ces exceptions au bon ton de ses ouvrages sont rares.

A Corneille la gloire d'avoir saisi avec le coup-d'œil du génie les nouveaux rudiments que Rotrou venait de développer, et d'avoir agrandi la nouvelle lice qu'il s'agissait de parcourir; à Rotrou celle de l'avoir ouverte. Tout étonné de l'étendue de la carrière où il avait devancé Corneille, il l'y suivit à son tour, et devint grand comme lui dans quelques-uns de ses ouvrages (1). Ce fut donc à tort qu'un auteur désigne Corneille comme le père de la tragédie.

Depuis on a répété cette assertion jusqu'à satiété. Il y a là une injustice semblable à celle qui, dans un autre ordre de faits, fut longtemps commise à l'égard de Christophe Colomb en faveur d'Améric Vespuce.

En donnant à Corneille le titre de prince, de roi de l'art, et en réservant pour Rotrou la dénomination de père, on eût été beaucoup plus dans le vrai; au surplus, on n'aurait fait en cela que confirmer le sentiment réciproque de ces deux grands hommes; on sait que Corneille, aussi pénétré de respect que d'estime et d'affection pour Rotrou, l'appelait *son père*, et que ce dernier, aussi modeste que son émule était loyal, le nommait *son maître*.

Rotrou avait senti de bonne heure un vif attrait pour les émotions du jeu; mais, comme sa raison lui faisait redouter

---

(1) M. Violet-Leduc a donné en 1820 une fort belle édition des œuvres complètes de Rotrou avec des notices historiques et littéraires sur chacune de ses pièces. Cet ouvrage en 5 volumes in-8° a été imprimé par Desœr.

On estime que Rotrou a composé 90 mille vers pendant la courte période de sa vie. Dans un ouvrage intitulé *Chefs-d'œuvre tragiques de Rotrou, Crébillon, Lafosse, Saurin, Belloi, Pompignan et la Harpe*, par Amb.-Firmin Didot (tom. 1er, 1851), se trouve une indication précieuse: « J'ai cru, dit l'auteur, faire une chose utile et à la mémoire de notre poète et à ceux qui voudraient connaître ses ouvrages, en composant un extrait de tout ce que ses trente-cinq pièces (et autres qui ne sont point énumérées) offrent de remarquable; je les publierai séparément. »

les entraînements de la passion, il imagina pour y mettre obstacle un moyen plaisant dont toute la presse a dernièrement parlé et que cette notice ne peut manquer de rappeler. Dès qu'il touchait ses revenus, on le voyait s'empresser de les aller jeter dans un lieu rempli de fagots. Cette conduite originale avait évidemment un double motif : se créer des difficultés et se ménager des ressources, car d'une part il était sûr de n'avoir jamais assez de patience pour chercher beaucoup de pièces d'or et d'argent répandues çà et là dans cette caisse d'un nouveau genre; de l'autre il avait la conviction que ses dépositaires recèleraient toujours quelques sommes précieuses à retrouver en cas de grande pénurie.

Nous conseillons aux dissipateurs de se fier à cette espèce d'intendant. Il est vrai que trop de discrétion de leur part pourrait équivaloir à une infidélité, et que l'on risquerait de devenir dupe de la confiance accordée à leur vertu conservatrice; mais il est un moyen simple de prévenir cet inconvénient, et Rotrou en faisait usage : c'est de tenir bonne note de ce qu'on leur abandonne et de ce qu'on leur a fait rendre.

L'amour du jeu est le seul défaut dont la biographie ait conservé mémoire dans la vie de Rotrou, et l'on voit qu'il avait su y trouver un modérateur; au reste, on lui accorde le caractère le plus noble et le plus généreux.

Inaccessible aux passions basses et mesquines, jamais l'envie ne troubla son âme; il aimait au contraire et recherchait tous ceux qui parcouraient la même carrière que lui, comme nous venons de le voir dans ses rapports avec Corneille.

Lorsque *le Cid* parut, Mairet conçut du succès de ce bel ouvrage une telle jalousie qu'il s'éloigna de Corneille. Richelieu surtout s'acharna contre cette pièce et fit tout au monde pour entraîner Rotrou dans le parti qu'il avait formé. Mais Rotrou ne répondit aux insinuations perfides, qu'en s'efforçant de faire reconnaître le mérite du chef-d'œuvre dès son apparition; et plus tard il rendit publiquement hommage à son auteur par un passage *ad hoc* habilement introduit dans l'une de ses pièces intitulée *Saint-Genest*.

Ni les bonnes grâces du ministre, ni ses faveurs, ni la menace de son mécontentement, ne purent déterminer Rotrou à entrer dans la ligue formée par la jalousie qu'inspirait ce beau talent.

Rotrou tenait cependant de la munificence du ministre une pension de 600 livres, ce qui était une fortune alors, et cette fortune ne dépendait que de la volonté du dispensateur. Mais le génie avait deviné le génie, et, pour le noble cœur de Rotrou, admirer c'était aimer.

« Son amitié pour Corneille s'était doublée d'enthousiasme, » ainsi que le dit excellemment M. Ernest d'Hervilly en parlant de Rotrou.

« C'est, remarque de son côté M. Thierry, qu'il avait mis son âme hors des atteintes de la jalousie, en faisant sa gloire de celle de son ami. »

M. Legouvé ajoute « qu'il était doué de cette générosité native aussi étrangère à l'envie qu'à l'amour-propre, et qui sait aussi bien se pencher vers la faiblesse pour la soutenir, que s'incliner devant le génie pour l'adorer. »

Rien ne put donc empêcher Rotrou de défendre les beautés du *Cid* envers et contre tous. Quant à ses propres ouvrages, il n'en parla jamais qu'avec beaucoup de modestie. On l'entendait dire par exemple : « Que ce qui était beau dans sa

Bague de l'Oubli était de Lopez de Véga (1), et que ce qui était mauvais lui appartenait. »

Les bustes, que l'on conserve de cet homme illustre à Versailles et dans la galerie du Théâtre-Français, offrent de beaux traits, une physionomie ouverte, pleine de vie et de distinction. Cet extérieur favorable n'était point une trompeuse apparence chez notre poète, qui fut avant tout un homme de bien.

M. Paul Parfait a publié un article qui donne d'une manière trop remarquable et trop juste le portrait de Rotrou, pour que nous ne placions pas ici quelques lignes de cette plume habile à peindre.

« Un buste commande tout particulièrement l'attention des promeneurs au foyer du Théâtre-Français. Il représente un personnage du temps de Louis XIII, aux traits mâles et accentués, à la désinvolture toute cavalière. La fine moustache retroussée vers les pointes et la barbiche rappellent assez le grand cardinal; un manteau est jeté à plis amples sur l'épaule; les longues mèches éparses de la chevelure encadrent un visage un peu maigre, tandis que de la collerette entr'ouverte se dégage un cou sec et nerveux. Tout cet ensemble frappe par une vitalité étrange. On y sent une exubérance de sève et je ne sais quel feu secret qui jaillit par la lèvre et par les yeux, comme si le marbre avait la fièvre. Au-dessous de cette admirable chose on lit le nom de *Rotrou*, et sur un coin du socle la signature de *Caffieri*. »

M. Xavier Aubryet, en excellent critique, fait à son tour

(1) Auteur espagnol dont il avait imité l'imbroglio.

une très-juste remarque lorsqu'il dit que « dans cette physionomie si profondément humaine il y a du Molière! » Nous pouvons ajouter qu'en Rotrou il y a aussi du Shakspeare; on y trouve surtout ce quelque chose qui tient du gentilhomme et fait sentir que Rotrou savait aussi bien manier l'épée que la plume (1).

L'esprit perspicace de Rotrou et le sens analytique de Molière, tous deux experts en l'exploitation des secrets du cœur humain, avaient des points de rencontre; il devait y avoir affection entre les deux hommes. Cette affection exista en effet et, si Rotrou ne pût assister à l'épanouissement du génie de Molière, il sut du moins l'apprécier dans son germe, c'est-à-dire dans le jeune comédien fervent admirateur du talent d'autrui, et bien loin de se douter qu'un jour on encenserait ses propres œuvres!... Rotrou enfin honora Molière du titre d'ami, ce que prouve la découverte d'une relique littéraire : un feuillet sur lequel la main de Rotrou s'est posée!... pour répondre à l'élan de son cœur.

Il existe une brochure de *La Bague de l'Oubli* : entre les lignes du titre se trouvent celles-ci. « *Donné à M. J.-B. Poquelin, par son ami Rotrou.* » Et au-dessous ces mots tracés par une autre main, celle de Molière sans doute : « *Ex libris J.-B. P. Molière.* »

La généreuse ardeur que Rotrou apportait à la diffusion du beau et du grand le fit s'éprendre d'une vive sympathie pour l'institution florissant à Toulouse. On doit à l'enthousiasme que lui inspirait la poétique fondation de Clémence

---

(1) Nous avons vu chez Susse, place de la Bourse, une photographie (carte) qui rend parfaitement tout ce qu'on dit ici de la belle physionomie de Rotrou.

Isaure l'impulsion donnée par lui à Richelieu, et dont le résultat fut la création de l'Académie.

Voici ce qu'il écrivait au ministre qui se posait en grand juge, en grand maître, dans le domaine des lettres :

« Ce 22 avril.

« Monseigneur, je vous ay dit qu'au moyen âge il se « forma des sociétés ou académies pour juger du succès de « celuy des scavants qui avoit le mieux traicté ce qu'on ap- « peloit alors le chant royal. Ce fust en 1324 que Clémence « Isaure de la maison des comtes de Toulouse convoqua « tous les poëtes et les trouveres du voisinage de Toulouse, « et promist de donner une violette d'or à celuy qui feroit « les plus beaux vers. Elle donna un fonds dont le revenu « devoit estre employé à ce prix. Après la mort de cette il- « lustre dame, dont la mémoire est si célèbre, les magis- « trats de Toulouse ordonnerent que tout ce quelle avait « institué seroit exactement observé à l'advenir. Ceux qui « jugeoient des ouvrages estoient appelés les mainteneurs « de la gaye science. Celui qui remportoit le prix estoit reçu « docteur en science gaye. On demandoit le doctorat, on « estoit reçu et les lettres estoient expédiées en vers. Celuy « qui remportoit le prix estoit honoré du nom de Roy. « Tel est, monseigneur, le commencement de ces sociétés « ou académies. Ne vous semble-t-il pas qu'il seroit bien « d'en establir de semblables ou si non une à Paris. Je « vous laisse y penser. Je suis, monseigneur, votre très- « humble serviteur.

« ROTROU.

« *A monseigneur le cardinal de Richelieu.* »

« Ce 27 avril.

« Monseigneur, j'approuve l'idée que vous avez conçue
« destablir à Paris une académie à l'instart de celle ques-
« tablit Clémence Isaure à Toulouse, et cera un grand bien
« faire aux lettres. Et je ne doute pas que la postérité vous
« en scaura beaucoup de gré. Je m'estime heureux que ma
« précédente lettre vous ay suggéré cette noble idée. Vous
« me mandez si dans les recherches que jay faites au sujet
« de la fondation de ces sortes de sociétés ou académies,
« j'ay trouvé comment se pratiquoit les statuts ou plustost
« les réglements de ces sociétés et dans quelle condition se
« faisoit cette espèce de combat d'émulation. Selon ce que
« j'ay observé, on faisoit ordinairement un chant de trois
« ou quatre stances; le dernier vers de la première devoit
« servir de refrain aux autres, et cet ouvrage estoit appelé
« chant royal, parce que ordinairement on l'addressoit au
« Roy. On fist ensuite des balades qui estoient moins lon-
« gues que le chant royal. Ordinairement à la fin de ces poë-
« mes on mettait en cinq vers un abbregé du sujet qu'on
« appeloit *envoy*, parce qu'on l'adressoit au Roi pour se le
« rendre favorable. Voilà, monseigneur, ce que je scay.
« Jay bien l'honneur d'estre votre très-humble serviteur.

« ROTROU.

« *A monseigneur le cardinal de Richelieu.* »

Après de tels précédents, on pourrait s'étonner de ne point voir Rotrou figurer parmi les membres de l'illustre aréopage. C'est que l'une des premières lois de l'institution était la résidence à Paris, et Rotrou, magistrat à Dreux, préféra ses fonctions aux honneurs du nouveau titre d'Académicien.

Il remplissait dans la cité, antique demeure de ses aïeux, les charges de « *Lieutenant particulier et civil au baillage, d'Assesseur criminel, de Commissaire examinateur du comté.* »

Et c'est au milieu de ses fonctions que le poète célèbre se révélait à ses concitoyens sous un aspect nouveau. On eut bientôt à vénérer en lui le juge perspicace, équitable, profondément pénétré de l'amour du devoir.

L'histoire nous fournit la preuve incontestable que cette vertu siégeait au cœur de Rotrou ; c'est ici qu'il convient de rapporter ce que la vie du grand homme présente de plus beau et aussi de plus touchant.

On était en l'année 1650. Rotrou se trouvait alors à la cour où l'enthousiasme pour ses talents le rappelait de temps à autre : là d'ailleurs vivait son frère (Pierre de Rotrou), maître du palais, secrétaire du Roi, directeur des finances de la couronne, etc.).

Le mois de juin étalait toute la splendeur de ses richesses et offrait ses jours de fête à tout ce qui a vie ; cependant un crêpe funèbre semblait couvrir une malheureuse cité. Dreux était subitement devenu la proie d'un fléau dévastateur.

Un de ces maux cruels auxquels la prudence ne peut échapper, dont on prend le germe avec l'air qu'on respire, une épidémie enfin, aussi terrible que le choléra asiatique, ravageait la ville sous le nom de fièvre pourprée et enlevait les habitants par centaines.

Chacun pleurait un parent, un ami ; chacun attendait, dans la stupeur et l'angoisse, le coup fatal qui pouvait atteindre et des êtres chéris et soi-même.

La frayeur avait paralysé la population entière, qui désormais, confinée dans ses demeures, s'imaginait y être moins exposée à l'influence mortelle.

Le silence régnait dans les rues désertes où ne circulaient désormais que des chariots transportant avec empressement de nombreuses victimes à leur dernière demeure.

Tout-à-coup, rapide comme l'éclair, une nouvelle se répand. — « Rotrou vient d'entrer dans la ville ! » On tressaille d'espoir, on se félicite ; tant les âmes prennent facilement croyance aux prodiges que peut accomplir l'affection ! — Rotrou nous aime, donc il nous sauvera ! — Telle est la logique du cœur.

Déjà les ordres du magistrat se sont multipliés. Frémissant de pitié, mais enflammé de zèle, il est partout, relevant les courages, imposant des mesures salutaires : il semble lutter pied à pied avec l'ennemi invisible ; il fait si bien que déjà il l'a chassé des centres populeux.... Il le poursuit dans les faubourgs... Bientôt la maligne influence s'amoindrit.... Elle s'éloigne.... Elle a fui !

Et de nombreux convalescents se joignent à leurs frères délivrés, pour porter au vainqueur l'hommage d'une ardente gratitude ; mais..... que se passe-t-il ?... Des exclamations de douleur se sont fait entendre !... Des sanglots leur succèdent !... Un cortége va se former ; hélas !.. ce sera encore un cortége funèbre ! Habitants de Dreux, il sera le dernier !

En effet, l'état civil de ce jour constatait un décès, un seul !... C'était celui de Jean de Rotrou !

On ne saurait rendre la douleur qui éclata lors de ses obsèques. La chronique à ce sujet est profondément touchante. En vérité l'on aime à voir des foules ainsi livrées aux émotions de la reconnaissance et manifestant des sentiments qui attestent que le cœur de l'homme a été créé pour vibrer à la rencontre du bien, du grand, du beau.

Et comment les habitants de Dreux auraient-ils pu rester indifférents devant le trépas de leur « illustre Père » (c'est ainsi qu'ils l'appelaient)? On n'ignorait pas qu'il avait quitté Paris et ses plaisirs, qu'il avait renoncé aux jouissances de la gloire, à la première nouvelle du malheur qui pesait sur ses concitoyens. On avait appris par quelle noble parole il avait confondu les sollicitations de ses amis : — « Qui de vous peut me promettre une plus belle occasion de mourir? »

On savait qu'ayant reçu de son frère une lettre remplie d'alarmes et de tendresse il avait répondu : « Le salut des citoyens m'est confié, j'en réponds à la patrie : je ne trahirai ni l'honneur ni ma conscience, et je périrai s'il le faut à mon poste. Ce n'est pas que je n'en connaisse le danger ; au moment où je vous écris, les cloches tintent pour la vingt-deuxième personne morte aujourd'hui ; elles sonneront pour moi quand il plaira à Dieu. »

Bientôt il se trouvait atteint par le mal qu'il avait combattu ; trois soleils plus tard, il n'existait plus !...

Ce fut le 28 juin 1650 qu'il succomba. Il avait près de quarante et un ans, et laissait plus d'une belle œuvre littéraire inachevée !....

Ainsi se termina la vie si courte, mais si glorieuse, de Jean de Rotrou.

Il fut inhumé dans le cimetière annexé à Saint-Pierre de Dreux.

Dans l'ouvrage de M. Firmin Didot que nous avons déjà cité page 22 se trouve ce passage. « Sur une pierre, et à moitié effacé par le temps, mon père a pu lire le nom glorieux du fondateur de la scène française. » Cette pierre n'existe plus (1).

En 1811, l'Institut proposa pour sujet de concours la mort héroïque du généreux magistrat, et ce fut Millevoie qui remporta le prix.

On trouvera sans doute avec plaisir ici la reproduction de l'admirable morceau (2).

Mort de Rotrou.

Rotrou, cher à Thémis et cher à Melpomène,
Avait abandonné son paisible domaine.
Vers Paris un instant par la gloire entraîné,
Des palmes du théâtre il marchait couronné,
Et du *Cid* méconnu défendant la merveille,
Devant Richelieu même osait louer Corneille.

---

(1) « Une pierre qui sert de seuil à l'une des portes latérales de l'église de Dreux, et sur laquelle on lit le nom de Rotrou (les prénoms sont effacés), ne saurait être la même qui couvrait le corps du poète ; car la date mortuaire donne 1695, et Rotrou, comme il vient d'être dit plus haut, est mort en 1650.

« Ces 45 ans de différence ne peuvent donc se rapporter qu'à quelque membre de sa famille. »

Nous croyons pouvoir l'attribuer à Claude Rotrou, greffier en chef de l'élection de Dreux, né le 24 septembre 1630, marié à Marie Luzurier, mort en 1694, disent nos notes généalogiques. La pierre donne il est vrai le chiffre de 1695 ; mais pour ces deux dates la différence d'une année ne nous paraît pas devoir détruire la valeur des probabilités.

Ce Claude Rotrou avait pour grand-père Alain II (grand oncle de Jean le poète) par Denis : nous le retrouverons mentionné en son lieu.

(2) Il fait partie des œuvres complètes de Millevoie publiées en 1833

Le Cirque s'est ouvert; Rotrou voit par des pleurs
Applaudir *Venceslas* et ses nobles douleurs.
Corneille, dont l'estime et l'enflamme et l'honore,
Assiste à son triomphe et l'embellit encore.
Voilà qu'un bruit fatal, trop prompt à circuler,
Aux applaudissements est venu se mêler.
Des tragiques douleurs la vue est détournée :
De moment en moment la foule consternée
Attache sur Rotrou son regard inquiet;
On le plaint, il s'étonne; il s'informe, on se tait.
Son trouble s'en augmente; il insiste, il arrache
Le déplorable aveu du malheur qu'on lui cache.
O revers! Dreux périt sous un mal destructeur.
Rotrou frémit. Il sait qu'un hameau protecteur
Retient loin des dangers les enfants qu'il adore;
Mais ses concitoyens sont sa famille encore.
Ni les transports flatteurs de ce peuple exalté,
Ni les gémissements de son frère attristé,
Ni les touchants regrets, ni l'amitié sincère
Du grand homme chéri qui le nommait son père,
Rien ne l'arrête : il part, seul, à travers la nuit,
Et cherche les périls comme un autre les fuit.
Mais sur sa route il croit, dans les vastes ténèbres,
Entendre des sanglots et des plaintes funèbres,
Et voir autour de lui des fantômes errer...
Le jour, qui de ses feux commence à l'éclairer,
Lui semble enveloppé de sinistres nuages.
Ces vallons si connus, ces côteaux, ces ombrages,
Tout est changé pour lui; du deuil, de la douleur,
Tout prend à ses regards la lugubre couleur.

Il arrive : à la mort il voit sa ville en proie.
Hélas! ce n'étaient plus ces longs accents de joie
Qui fêtaient son retour en des temps plus heureux!

---

avec une notice de Pongerville, éditées par Furne, 89, quai des Augustins, Paris.

Tout demeure absorbé dans un silence affreux :
Il n'entend plus, au sein de ces tristes murailles,
Que le bruit gémissant du char des funérailles.
Il appelle en pleurant ceux qu'il a tant chéris :
La cloche du trépas répond seule à ses cris.
Ce peuple entier, cédant au malheur qui l'accable,
De vivre et de mourir à la fois incapable,
N'ose pour son salut tenter un noble effort;
L'effroi produit l'effroi ; la mort produit la mort.
Cherchant à s'isoler des publiques misères,
Chacun fuit. Seulement, on voyait quelques mères
Immobiles, braver le désastreux fléau
Et veiller sans pâlir à côté d'un berceau.

Rotrou, dieu tutélaire, en ces lieux de tristesse,
Dispute avec la mort d'ardeur et de vitesse.
Son zèle infatigable au milieu des travaux
Donne aux uns des secours, aux autres des tombeaux.
Il est partout, son âme au loin se multiplie :
Il agit, il ordonne, il menace, il supplie ;
Et, lui-même, affrontant l'hydre au souffle infecté,
Rassure la terreur par l'intrépidité.

Digne fils d'Apollon, sa noble insouciance
De l'avare Plutus dédaigna la science ;
Mais, offrant au malheur d'héroïques secours,
A défaut de trésors, il prodigue ses jours.
Dix fois l'astre nocturne a chassé la lumière,
Sans que le doux sommeil ait touché sa paupière.
Le poids de la fatigue en vain l'accable ; en vain
La fièvre de la mort fermente dans son sein ;
Il marche, et des héros enfants de sa pensée
La gloire disparaît par la science effacée ;
Nul danger, nul effroi ne peut le retenir.
Tant de travaux heureux qu'espérait l'avenir,
Tant d'écrits imparfaits, d'esquisses animées,
Qu'en sublimes tableaux le temps eut transformées,

Tant de lauriers nouveaux à sa gloire promis,
Il ne regrette rien, s'il meurt pour son pays !

D'un frère vainement le fidèle message
A rappelé ses pas sur un autre rivage :
Sa vertu rougirait d'hésiter un instant.
Il voit venir la mort, il la voit... il l'attend.
Immuable, il répond au frère qui l'implore :
« Pour la vingtième fois, j'entends depuis l'aurore
« Sonner l'airain fatal... Je l'entends sans effroi.
« Ce soir, si Dieu l'ordonne, il sonnera pour moi ! »
Il disait ; mais, vaincu par tant de vigilance,
L'homicide fléau se retire en silence.

Déjà, de bouche en bouche à l'envi répétés,
Les bienfaits de Rotrou jusqu'aux cieux sont portés ;
Des palmes à la main, vers le lieu qu'il habite,
Un peuple délivré vole et se précipite...
Insensés ! retenez un aveugle transport ;
Ne mêlez point vos chants aux soupirs de la mort ;
Votre libérateur touche au moment suprême ;
Des coups qu'il vous épargne il est atteint lui-même,
C'est pour vous qu'il expire !.. Et cette foule en deuil,
Muette, tient les yeux attachés sur le seuil.
On entendait encor dans la funèbre enceinte
Le murmure affaibli de la prière sainte ;
Du cierge des mourants tremblaient encore les feux...
Aux bruits confus succède un calme douloureux :
C'est celui des tombeaux. Près du lit d'agonie,
Le cierge s'est éteint, la prière est finie ;
Un pâle serviteur se présente interdit ;
Il se tait : sa pâleur, son silence ont tout dit.
Les citoyens, poussant des clameurs déchirantes,
Ont cru voir se rouvrir les tombes dévorantes ;
On dirait qu'à la fois frappés des mêmes coups
De la mort d'un seul homme ils vont expirer tous !

Cependant du héros la grande âme exhalée

Aux âmes des martyrs dans les cieux s'est mêlée.
Par d'ineffables chants les séraphins ravis
Fêtent l'hôte nouveau des lumineux parvis :
Mais du haut de ce trône où, près de Boromée,
Il s'assied ombragé des palmes d'Idumée,
O rivages de l'Eure ! ô bords délicieux !
Il vous cherche toujours, et jusque dans les cieux,
Gardant le souvenir de sa ville chérie,
Il forme encor des vœux pour sa douce patrie.

Pendant de longues années, l'héroïsme de Jean de Rotrou resta privé d'ostensibles hommages. Cette injustice, vivement sentie par madame de Lernay, éveilla sa muse et lui fit pousser ce noble gémissement, qui terminait un hymne jadis publié :

Quoi! pour tant de vertus, de travaux, de génie,
Pour une renommée immortelle et bénie,
Lorsque chaque homme illustre est fêté dignement,
Rotrou, le grand Rotrou, n'a pas un monument!
Ah! qu'un hymne, du moins, consacre la mémoire
D'un dévoûment sublime attesté par l'histoire,
Et que, toujours vivant, un si beau souvenir
Enfante des héros dans les temps à venir!

De son côté, la ville de Dreux, concevant le noble projet de rappeler à la postérité le souvenir de son paternel magistrat, décorait l'Hôtel-de-Ville d'un modèle de statue exécuté par un artiste distingué, M. Hubert-Lavigne. Il y représentait le poète-lieutenant civil de la cité, au moment où, résistant aux conseils et aux instances d'amis dévoués, il prenait la résolution de rester au milieu de ses concitoyens décimés par la maladie : malheureusement, à cette époque, l'argent manqua : mais, ainsi que l'a dit M. Mesirard, maire actuel de Dreux, dans son discours pour l'inauguration de la statue de Rotrou : « S'il appartenait à quelqu'un de consacrer d'une façon durable la mémoire de Rotrou, c'était bien à un enfant de Dreux. Par une clause de son testament, M. Lamésange, ancien maire de la ville, laissait, il y a quelques années, une somme de seize mille francs applicable à l'érection d'une statue de bronze représentant Rotrou. — « Ce serait le comble de l'ingratitude (disait en « mourant celui qui pendant sa vie avait toujours servi avec « zèle la mémoire du grand homme) que d'empêcher ou « retarder l'érection de ce monument trop longtemps at- « tendu. »

L'administration municipale, en possession du legs, s'est adressée à M. le directeur des Beaux-Arts, afin d'arriver à l'accomplissement des volontés du généreux testateur.

Mise au concours de 1862, la statue de Rotrou, œuvre de M. Allasseur, fut choisie par l'Académie et figura à l'exposition de 1867 pour être enfin posée sur son piédestal le 30 juin de la même année. (Voir à la fin le compte rendu de la cérémonie d'inauguration et les magnifiques allocutions des hommes éminents qui, à cette occasion, ont fait parler leur esprit et leur cœur).

La comtesse de Lernay, ayant eu, peu de temps avant de quitter ce monde, la consolation d'apprendre que l'heure d'une ovation à Rotrou avait enfin sonné, composa une cantate qui fut depuis mise en musique d'une manière brillante par le talent à la fois puissant et expressif de M. Milhès. A la suite d'une notice concernant Jean de Rotrou, la poésie de sa petite nièce trouve naturellement sa place.

INVOCATION.

Toi qui fus de ton siècle une brillante étoile,
Toi qui d'un art fameux sus arracher le voile,
Rotrou, père adoré d'une antique cité,
Salut à toi, salut dans ton éternité!

CHŒUR.

Évoquer du tombeau les gloires de la France,
    C'est ajouter à sa grandeur,
  C'est terrasser la mort, c'est fêter l'espérance
    D'un avenir plein de splendeur.

I.

Ville de Dreux, pourquoi cet air de fête?
Pourquoi ces chants, ce concours et ces fleurs?
Pour un triomphe en tes murs on s'apprête
Et cependant je vois couler tes pleurs!.....

II.

Noble cité, ta mémoire que j'aime
Te dit qu'un jour, plein d'honneur et de foi,
Rotrou sans peur et fidèle à lui-même,
Né dans tes murs, y vint mourir pour toi!

III.

Console-toi, celui que tu vis naître
N'est pas sans vie et sans postérité;
Un grand exemple est toujours un grand maître,
Et la vertu, c'est l'immortalité.

V.

Descendance de Jean de Rotrou (le Poète) et de Pierre de Rotrou, son frère.

Jean de Rotrou n'ayant eu que trois enfants morts sans postérité (1), ce fut Pierre. son frère puîné, déjà nommé ci-avant, qui devint chef de la lignée la plus rapprochée du grand homme; car les descendances de Germain, dont nous avons parlé page 10, de Simon et Claude, autres frères de Germain et oncles de Jean et de Pierre, eurent peu de durée. Nous en parlerons plus loin.

Pierre de Rotrou, écuyer, unique frère de Jean (le poète), naquit à Dreux le 29 juin 1615. Voici comment s'exprime à son sujet le *Dictionnaire de la Noblesse* (par de La Chesnaye-Desbois).

« Avec autant de mérite et de qualités sociales que son
« aîné, il eut des talents différents. Dès sa jeunesse, il fut à
« même de les faire connaître, étant revêtu de la charge de
« secrétaire de l'armée d'Allemagne sous le maréchal comte

(1) 1° Jean, né en 1644, prêtre promoteur et curé de Chêne, mort à Dreux, le 12 novembre 1706.

2° Elisabeth, née en 1646, morte religieuse à Pont-de-l'Arche.

3° Marguerite religieuse à Chartres, morte en 1711.

« de Guébriant, et de celle de commissaire des guerres « pendant les campagnes brillantes de ce général.

« Il fut ensuite nommé seigneur de Saudreville, La Rouce, « Fourchainville, Villeneuve, Thoisy et autres lieux; peu « après, seigneur haut justicier du dit Saudreville et lieux « dépendants, en vertu d'un acte de concession et lettres « patentes, du mois de mars 1674, à lui accordées par Louis « XIV, en considération des services qu'il avait rendus au « roi Louis XIII et à l'Etat dans les différentes campagnes « du comte de Guébriant. Après la mort de ce héros, dont « on peut dire qu'il était l'ami, Pierre se détacha des places « qui le forçaient à toute espèce de gouvernement militaire. « Deux ans après, en 1645, il accompagna la veuve du ma- « réchal, nommée ambassadrice extraordinaire pour con- « duire en Pologne la princesse Marie de Gonzague, fille « du duc de Mantoue. Après s'être acquitté de sa mission, « Pierre se fixa à la cour, fut « *Conseiller maistre-d'hos-* « *tel ordinaire du roi*, » et exerça cette fonction jusqu'au « 19 mars 1682 qu'il fût reçu « *Conseiller secrétaire du* « *roi*, *maison*, *couronne de France et de ses finances* (1). »

« Il avait épousé le 4 octobre 1649 damoiselle Louise le « Noël, fille de Claude le Noël, conseiller du roi, receveur « général du Taillon, en la généralité du Berri (2).

---

(1) Ces titres répondaient, il est supposable, au genre des fonctions de *grand maître du palais*, *ministre de la maison du roi*, *secrétaire des commandements*, *etc.*, dont Pierre résumait les différents offices, attribués désormais à plusieurs individus.

(2) Ce Claude le Noël était parent de Claude Jacquier, seigneur de Setty, officier de la garde du roi, chevalier de Saint-Louis, dont l'aïeul avait servi dans l'armée royale aux ordres du duc d'Anjou (Henri III)

« Pierre mourut le 15 mars 1702, âgé de 86 ans, et fut « inhumé à Paris dans l'église de Saint-Merry, lieu de sé- « pulture adopté pour lui et sa famille en vertu d'un acte « de fondation passé devant Gallois et son confrère, notaires « au Châtelet de Paris, le 26 janvier 1676 (1). »

Du mariage de Pierre de Rotrou avec Louise le Noël naquirent six enfants :

« Jean-Baptiste-René qui suit.

« Pierre-Antoine de Rotrou, écuyer, sieur de Thoisy, « capitaine de cavalerie au régiment de Beringhen, décédé « à Tournay en 1701, sans postérité.

« Rotrou, lieutenant général à Issoudun.

« Louise-Marie, dame d'Orsanne.

« Une religieuse à Longchamps.

« Un enfant mentionné sans détails dans les généalo- « gies, mort peut-être en bas âge.

« *Jean-Baptiste-René de Rotrou*, né à Paris le 4 sep- « tembre 1650, écuyer, seigneur de Saudreville, la Ronce, « Fourchainville, Villeneuve et autres lieux, fut reçu « conseiller secrétaire du roi, maison, couronne de France « et de ses finances, le 18 juillet 1702, aux lieu et place de « Pierre de Rotrou, son père; il est décédé, étant comme lui « revêtu de cet office, le 6 mai 1712. Il avait épousé par « contrat du 15 décembre 1702 damoiselle Marguerite- « Antoinette de Sève (Plateau-Marchais). » (Voir note 2e à la fin).

---

et s'était trouvé aux batailles de Jarnac et de Moncontour, mars et octobre 1569.

(1) Voir note 1re, à la fin de la brochure, ce qui concerne la sépulture de Pierre.

De ce mariage sont issus Marguerite de Rotrou et Michel-Chrétien de Rotrou.

Marie-Marguerite de Rotrou épousa en 1722 « haut et « puissant seigneur Claude Barthelot, chevalier, marquis de « Rambuteau, seigneur d'Écusse, Royé, Chassagne, Changrenon et autres lieux, brigadier des armées du roi, lieu-« tenant de la ville de Mâcon, chevalier de Saint-Louis, « mestre de camp de cavalerie, lieutenant colonel com-« mandant le régiment de S. A. S. le prince de Conti. Elle « est décédée le 12 janvier 1775 et a laissé deux fils, tous « deux chevaliers de Saint-Louis (1). »

Le frère de Marguerite, *Michel-Chrétien* de Rotrou de Saudreville, chevalier, seigneur de Saudreville, Fourchainville, Villeneuve et autres lieux, naquit à Paris le 5 octobre 1703. Il fut président au grand conseil sous Louis XV et Louis XVI. (Voir note 3e à la fin).

Il a dû mourir en 1779, année où il paraît encore à l'Almanach royal, ou bien au commencement de 1780 ; car dans la liste des dignitaires son nom ne se rencontre plus.

---

(1) L'aîné des fils de Marguerite de Rotrou, marquise de Rambuteau, fut Claude de Barthelot, marquis de Rambuteau, major au régiment de Conti cavalerie; il épousa le 9 juillet 1776 demoiselle de la Viefville, fille du marquis de la Viefville, maréchal de camp. Le chevalier de Rambuteau, Philibert, frère cadet du précédent fut capitaine au même régiment que son aîné. Leur oncle, autre chevalier de Rambuteau, frère cadet du marquis leur père, a été tué à côté de son frère en 1704 à la bataille de Luzara. Le petit fils de Marguerite de Rotrou est le comte Philibert de Rambuteau, existant : chambellan de l'Empereur Napoléon 1er, député sous la Restauration, puis préfet de la Seine, pair de France, etc., grand officier de la Légion-d'Honneur, commandeur du Lion de Belgique, etc. Il épousa demoiselle de Narbonne Lara (dont la mère était née Montholon). Il eut de ce mariage trois filles : Mesdames de Rocca, Lombard de Buffière et de Mesgrigny.

Il avait épousé Geneviève-Marguerite Chaban de la Fosse.

Nous trouvons parmi les papiers de famille qui nous ont été confiés un billet d'invitation de la part des « enfants, gendres et petits enfants de Geneviève-Marguerite Chaban de la Fosse, veuve de Michel-Chrétien de Rotrou, » annonçant sa mort, à la date du 3 germinal an VI — 23 mars 1798 (1). (Il est particulièrement question de ces deux personnages dans les chroniques de famille qui vont suivre).

Du mariage de Michel-Chrétien avec Geneviève-Marguerite naquirent six filles et un fils.

L'aînée des filles se fit religieuse; les cinq autres épousèrent :

Le marquis Desnotz, seigneur de Rivecourt-Cremaille, etc.

Messire Huerne, conseiller au Châtelet.

Le comte Duhamelet.

Messire Chapuzeau de Viefvillers, chevalier de Saint-Louis.

Messire Menjot, seigneur de Dammartin (en Brie), Saint-Gobert et autres lieux.

Des cinq gendres de Michel-Chrétien, deux seulement eurent descendance.

La postérité de messire Huerne donna lieu aux alliances avec les Maussion de Candé, de Subligny, de Loubens de

---

(1) On possède encore, dans la descendance féminine de Michel-Chrétien, (parenté des Milon), les portraits de messire Chaban de la Fosse, inspecteur général des hôpitaux militaires et places frontières, gratifié de l'ordre du roi (Saint-Michel) pour services rendus à l'État lors de la peste de Marseille en 1721, mort à Versailles le 29 août 1752, et celui de Geneviève Houzé, son épouse (fille de Nicolas Houzé, conseiller du roi), morte à Versailles en octobre 1742. Ces deux portraits sont de très-belles pages de Largillière.

Verdalle, de Bar, de la Marche, de May de Termont, de Tarade, etc.

Dans la parenté de messire Menjot de Dammartin se trouvent les noms de Duhamel-Leclerc, de Laistre, Lameth-de-Baulle, de Charost-Bethune, de Saint-Avoye, de Beauvoir, de Berny, Douet de la Boulaye, Joly de Fleury, de Forges, de la Tour du Pin-Chambly, de Waide, de Clermont-Mont-Saint-Jean, de Cauclaux (général, pair de France), de Colbert, de la Marlière (général), de Sionville (général), Collaud (général, pair de France), de Foudras, Milon de Villiers, etc. (Voir la note 4e à la fin).

Le frère des six sœurs de Rotrou fut *François-Michel de Rotrou*, né le 13 octobre 1736, chevalier, seigneur de Saudreville, conseiller du roi, auditeur ordinaire en sa chambre des Comptes, reçu en cette charge le 15 juin 1759. Il épousa le 25 février 1767 demoiselle Angélique-Henriette Le Marié d'Aubigny (1).

Ils eurent pour fils *Jean-Baptiste-François de Rotrou*, chevalier, né le 27 janvier 1770, marié l'an V de la République (15 décembre 1796) à Amélie-Louise-Joséphine Burgos (nom d'origine espagnole dont on a fait Bourgeois, son père étant ancien bourgmestre d'Ypres et sa mère demoiselle Van der Wal).

De ce mariage sont issus deux fils et trois filles :

Mesdames Agathe, marquise Loubens de Verdalle.

Angélina, comtesse de Tarade.

---

(1) Fille de Jérôme Le Marié d'Aubigny, chevalier, conseiller du roi, maître ordinaire en sa chambre des comptes, proche parent de la marquise de Boulainvilliers, femme du prévôt de Paris. *(Dictionnaire de la Noblesse)*.

Emilie de May de Termont.

L'aîné des fils est M. *Michel de Rotrou*, né le 15 décembre 1797, chevalier de la Légion-d'Honneur, ancien juge consulaire à Paris, ancien maire de Montreuil-sous-Bois (Seine). Il a épousé le 9 septembre 1822 demoiselle Fanny-Sophie-Jenny-Foullon Belle-Aumay (d'où alliance avec les familles de Besse, de la Perrière, de Saint-Cyran, comte de Tanlay, Saunier, Ploix, Housset, etc.), dont dix enfants, sept filles et trois fils :

M. René de Rotrou, né le 7 avril 1840, enseigne de vaisseau.

M. Albert de Rotrou, né le 27 décembre 1842.

M. Saint-Remy de Rotrou, né le 15 février 1844, enseigne de vaisseau.

Le frère cadet de M. Michel de Rotrou, Ernest de Rotrou, né le 26 juillet 1812, est décédé en 1856 ; il a laissé une veuve, madame Cécile de Rotrou, et deux enfants : mademoiselle Jeanne et *M. Hubert de Rotrou*, né le 26 novembre 1855.

Nous avons dit page 20 que Michel-Chrétien de Rotrou avait eu six filles. La plus jeune, Geneviève de Rotrou, mariée au seigneur Menjot de Dammartin, a laissé dans sa famille des souvenirs recueillis avec un pieux respect par sa fille Angélique-Françoise-Magloire comtesse Milon de Villiers (morte en 1849) et par ses trois petites filles :

1° Rose-Olympe Milon de Villiers, nommée dame chanoinesse du chapître noble de Sainte-Anne de Bavière, sous le titre de *comtesse Milon de Lernay* (décédée).

2° Rosamée-Angélique-Agnès Milon de Villiers, nommée

dame chanoinesse du chapitre noble de Sainte-Anne de Bavière, sous le titre de *comtesse Milon de la Ferté* (1).

3° Louise-Gabrielle-Olympie Milon de Villiers.

Nous laissons maintenant parler madame de Lernay (2).

VI.

Chroniques de Famille.

Les grands'mères occupent toujours une vaste place dans la mémoire des enfants de leur lignée : le contraste des âges, la différence des vêtements, des goûts et des habitudes, tout enfin concourt à frapper vivement les jeunes imaginations.

---

(1) Ces deux surnoms d'anciens domaines leur furent donnés afin d'éviter une confusion entre elles deux et la comtesse Milon de Villiers, leur mère.

(2) Nous devons ici recommander à l'intérêt du lecteur un opuscule concernant la comtesse de Lernay elle-même. Il a paru chez Douniol, 29, rue de Tournon, sous le titre « *Hommages et Souvenirs.* » De nombreux et sympathiques hommages ont fait accueil à cette publication qui se distingue d'une manière toute spéciale de ce qui porte habituellement le titre de biographie : C'est un charmant recueil, plein de parfums littéraires ; il offre plaisir et nourriture au cœur qu'il émeut, à l'âme qu'il édifie.

Le passé qui nous est transmis en quelque sorte par infusion de mère à fille prend une telle vie, une telle couleur, qu'il semble appartenir à notre bagage personnel. Quant à moi, les yeux de ma mère, l'accent de ma mère, en me parlant de sa grand'mère à elle, m'ont si bien initiée à ses impressions d'enfance, que je crois la voir petite fille, qu'on habille le premier jour de l'année avec plus de soin que de coutume, qu'on fait monter en carosse auprès de sa mère, et qui part pour se rendre à l'hôtel de Rotrou situé dans cette partie du vieux Paris appelée le Marais, beau quartier d'alors, que la mode et le temps ont dépossédé sans pitié de ses splendeurs!... Il les tenait jadis de la présence des sommités sociales.

L'équipage, après avoir dépassé le portique de la symétrique place Royale, s'arrête à l'un de ses angles (à côté de l'hôtel de Nicolaï) : la mère et l'enfant montent le vaste escalier de pierres, les hautes portes s'ouvrent à deux battants et l'on annonce : Madame et mademoiselle de Dammartin.

La présidente de Rotrou à l'époque où je veux la dépeindre était encore d'une grande beauté : son air imposant, son visage moulé à l'antique, ses grands yeux noirs, ses sourcils d'ébène et jusqu'à sa pâleur d'ivoire, tout concourait à rendre son aspect remarquable et saisissant.

Elle était vêtue de velours noir et d'hermine; elle portait une coiffe noire aussi, taillée selon la mode qu'avait apportée Marie Leczinska.

Cette coiffe reproduite par les peintres du temps descendait en pointe sur le front et encadrait les joues. Quand un frais visage se trouvait au milieu de ce disque sombre, la jeunesse et la beauté n'en recevaient que plus d'éclat; mais quand il s'ajustait sur une tête que le temps avait déshérité d'incarnat et de fraîcheur, il ne semblait plus être qu'un ornement funéraire disposé par la main de la mort.

Un souvenir de mort, en effet, avait inspiré le choix de cette lugubre toilette. Depuis le décès du président, sa femme s'était vouée au noir, et elle portait ce témoignage du deuil de son cœur avec la dignité des douleurs vraies. Et comment n'aurait-on pas donné de profonds regrets à ce noble vieillard qui avait expiré le sourire du juste sur les lèvres en remerciant sa famille de lui avoir procuré un bonheur qu'il devait surtout à ses vertus?

En entendant annoncer ses enfants, madame de Rotrou se leva du vaste fauteuil qu'elle occupait à l'angle droit de la cheminée, pour recevoir sa fille : son mouvement fut lent et empreint d'une grâce majestueuse qui tempérait un peu l'austérité de son aspect; néanmoins, lorsque la petite Angélique de Dammartin vît cette imposante personne faire quelques pas vers elle, un sentiment de crainte la saisit!...

L'enfant élevée au château de son père n'avait été présentée à son aïeule qu'à de longs intervalles, à l'âge où l'on regarde sans voir, où les images ne se gravent point en nous.

C'est à cette peur enfantine que ma mère dût sans doute d'avoir conservé dans toute sa vivacité le souvenir que je traduis en ce moment.

Le grand salon, aux moulures dorées encadrant les peintures de Boucher, fut bientôt rempli par les membres de la nombreuse famille du président. Le plus strict décorum régnait dans cette réunion où chacun avait pris la place marquée par son âge ou son degré de parenté.

La haute société d'alors était encore entièrement soumise

aux lois de l'étiquette. L'étiquette réglait tout; elle présidait à tout, même à l'expression du sentiment filial! Manquer à l'étiquette était un crime irrémissible pour certaine tenante de certains salons; dans celui de madame de Rotrou on ne *dérogeait* jamais! Les fonctions exercées par la présidente à la cour de Marie Leczinska avaient dû nécessairement influer sur les habitudes de sa vie privée.

On ne peut nier que l'étiquette ne servit alors, comme elle devrait le faire aujourd'hui, à sauvegarder les relations de famille elles-mêmes de l'invasion du *sans gêne;* à maintenir dans les rapports sociaux ces traditions de politesse et de respect qui furent le cachet distinctif du dix-septième siècle; mais on peut dire aussi que, par l'application exagérée de ses règles, elle enchaînait les élans spontanés et retrécissait les cœurs.

Le bon, l'aimable président de Rotrou s'était permis quelquefois de se soustraire à des exigences peu en rapport avec les dispositions droites de sa nature ouverte et simple, et l'on respirait plus à l'aise là où il était présent; mais à l'époque dont nous parlons, la mort (nous l'avons dit) l'avait enlevé aux siens; rien ne vint donc faire disparaître le froid et la contrainte du cercle cérémonieux qui laissa au cœur de ma mère une impression si profonde.

Puisque j'ai commencé à parler de M. de Rotrou, je placerai ici quelques détails qui le feront apprécier. Ce sera tracer en même temps un type qui va désormais s'effaçant de plus en plus : celui du gentilhomme français au dernier siècle. C'est faire plus, c'est réveiller dans sa poudre le chevalier féal des vieux jours, pour l'amener à la cour de Louis XV, au milieu des courtisans, musqués et mouchetés, portant sans ménagement pour leurs vices l'antique bannière des Preux sur laquelle se lisait encore : « Dieu, l'honneur et mon roi, advienne après ce que pourra! » Celui qui gardait en son cœur cette devise profondément gravée ne pouvait être un courtisan dans l'acception la plus absolue de ce mot; mais il avait su, par les grâces de sa personne et de son esprit, conquérir les avantages de l'homme de cour, sans en prendre la servilité. Gai, loyal et courtois, sachant concilier la dignité du père de famille et la gravité du magistrat avec une galanterie de bon aloi, il possédait ce tact rare et précieux qui fait passer avec bonheur entre tous les extrêmes, et ses mœurs privées, dans leurs allures naturelles et enjouées, conservaient une innocence et une intégrité dont l'expression ennoblit le front du vieillard jusqu'au dernier soupir.

Un fils et six filles composaient la famille intime du président; mais lorsqu'en été, aux jours de fête, les parentés collatérales venaient s'adjoindre à la lignée directe, le vaste château de Saudreville, près d'Etampes, suffisait à peine pour contenir les empressés, et, quand la cloche ébranlée à deux heures précises avait rassemblé pour le dîner plus de quarante convives, le patriarche, en promenant son regard satisfait sur chacun d'eux, n'en trouvait pas un qui ne fut du même sang que lui.

C'était surtout dans ces réunions de famille que l'esprit de M. de Rotrou déployait toutes les ressources de son amabilité.

Le moment du repas n'était pas seulement le temps où l'on mange; les saillies et les couplets souvent improvisés divertissaient vieux et jeunes, grands et petits, et ceux qui ne possédaient pas l'éclat de l'esprit en avaient au moins les bénéfices.

Bien que la verve de M. de Rotrou ne dépassât jamais les bornes du bon goût, sa gaîté franchissait parfois les limites étroites dans lesquelles sa sévère moitié essayait de la restreindre; alors s'établissait entre les deux époux une petite guerre dont le bon président se divertissait beaucoup. Aussi ne manquait-il jamais de cligner malignement en regardant sa femme, lorsqu'il faisait glisser dans ses couplets de petites libertés pour lesquelles madame de Rotrou se redressait aussitôt sur son fauteuil et faisait entendre une petite toux d'avertissement... qui malheureusement arrivait toujours trop tard !...

Le chevalier de Boufflers, ce héros de la galanterie française, paraissait souvent à l'hôtel de Rotrou. Un jour, celui je crois de la fête du président, Boufflers arrive bouquet en mains; au dîner, la conversation s'engage sur la diversité des noms, sur l'harmonie des uns et la discordance des autres; chacun interpellé à la ronde est sommé de dire le sien ; la confession est générale, et les bravos ou les rires sont la conséquence inévitable de la nature des aveux.

La redoutable question arrive enfin au plus jeune des convives, sorte de chérubin fort jaloux de bonne renommée auprès des dames : le beau page baisse les yeux et balbutie; la curiosité redouble, on le presse; toutes les belles se récrient. — « Eh ! bien, dit-il enfin en rougissant, voyez « combien ma marraine a été cruelle envers moi... elle m'a « donné le nom de Nicolas ! » Une clameur générale retentit à ce mot, et les jeunes filles de s'égayer aux dépens de l'aspirant. Mais Boufflers, dont l'esprit et le cœur n'étaient jamais pris au dépourvu, prétend que ce nom, deshérité de la faveur publique, ne lui semblait pas à lui si ridicule !... Avec cette habileté qui triomphe de tout, il maintient son dire, et, le justifiant par mille traits ingénieux, il rend l'aplomb et le courage au jeune homme déconcerté. — « N'importe, chevalier, dit une des dames, vous aurez « beau faire, le nom de *Nicolas* est voué à la réprobation, « et je défie tous les poètes présents et futurs de trouver « jamais un seul vers en l'honneur de Nicolas ! »

On était au café. Boufflers promène trois ou quatre fois sa cuillère autour de la tasse ; puis il répond au défi par le couplet que voici :

Vous savez bien, mes chers amis,
Qu'il faut des coqs pour aimer les poulettes !
Vous savez bien qu'il faut des nids
Pour y déposer les petits !
Vous savez bien que les jeunes fillettes
Tendent des lacs où nous sommes tous pris,
Et de ces *ni*, de ces *co*, de ces *las*,
L'amour a formé *Nicolas*.

Je laisse à penser si cet impromptu, où l'originalité de l'idée compense ce qui peut manquer au style, divertit les assistants, et si Nicolas fut à jamais consolé de la résonnance trop symétrique des trois syllabes de son nom.

Je me souviens d'avoir trouvé parmi nos archives de famille qu'un changement de résidence avait fait sortir du fond d'une armoire un gros manuscrit dont la teinte bistrée annonçait la vétusté. Je questionnai à ce sujet : mon père me dit que c'était un recueil de poésies, de souvenirs, ayant appartenu à mon aïeul de Rotrou, où se trouvaient consignés des vers que Boufflers et d'autres poètes du temps avaient composés à l'occasion des réunions du président, soit à Saudreville, soit à la place Royale.

A cette réponse, je tournai avec négligence et distraction

deux ou trois feuillets du cahier ; puis je le jetai sur le tas de parchemins poudreux, sans faire cas de ces précieux vestiges!... Le temps et les circonstances corrigent la jeunesse de son dédain pour le passé.

Je placerai ici une petite anecdote de peu d'importance, mais qui peint l'époque dont nous nous occupons.

La place Royale est comme on sait ornée d'arcades couvertes, au moyen desquelles on peut se rendre à pied sec d'une demeure à l'autre : habitée par la haute magistrature, elle n'en restait pas moins déplorablement éclairée ; c'était au reste le sort de tout Paris alors ; le gaz ne l'inondait pas des flots de sa blanche lumière ! . . . De modestes réverbères placés à de longs intervalles, voilà tout ce que le génie du confortable avait encore trouvé de mieux. On suppléait à l'insuffisance de l'éclairage public par un éclairage ambulant, et la lanterne, qui de nos jours se cache sous les plis du manteau d'un rentier de province, était autrefois le fanal précurseur de l'aristocratie. Je dis lanterne et j'ai tort ; c'est torche qu'il fallait dire, car la lanterne portative, toute surannée qu'elle soit aujourd'hui, est de création postérieure au temps dont je parle, comme cette histoire même en fait foi.

Un soir donc, le flambeau protecteur précédait un grave magistrat qui se rendait chez mon arrière grand-père. On n'était plus qu'à vingt pas de l'hôtel, lorsqu'un jeune garçon s'approche du noble visiteur et lui demande par grâce de vouloir bien lui rendre le service de lire ce qu'il y a d'écrit sur un papier qu'il présente. Le conseiller prend ce papier avec obligeance et appelle son domestique pour s'aider de sa lumière ; mais celui-ci, croyant son maître fort près de lui, avait déjà mis le pied dans la porte cochère et n'entend pas. Le complaisant vieillard, qui veut néanmoins satisfaire l'enfant, s'approche du réverbère; il s'efforce de déchiffrer une écriture presque illisible, et voici ce qu'il trouve sur le billet :

A la lueur de mon flambeau,
On m'a pris perruque et chapeau.

Fort surpris de cette étrange communication, l'officieux lecteur cherche à ses côtés son petit suppliant.... Le traître avait disparu, mais une sensation subite et inattendue vient aussitôt lui expliquer le sens de la mystifiante révélation, car en effet à ce même instant, à la lueur de son flambeau, on lui enlevait... et sa perruque et son chapeau!

Or la perruque jouait alors un rôle bien autrement important que de nos jours! Elle n'avait pas seulement pour objet de remplacer *les absents* : elle possédait, avec le talon rouge, le privilége de caractériser le rang; par conséquent sa soustraction, quand elle était de rigueur et d'étiquette, devait rendre celui qui s'en trouvait dépourvu aussi étrange que ridicule. Le bon magistrat sentait fort bien le piteux effet qu'allait produire l'aspect de son crâne dépouillé, à son entrée dans le salon du président; mais que faire? Retourner chez lui dans cet état? sa santé pouvait en être compromise. Il prend son parti et se fait annoncer.

— Sainte bonne Vierge! s'écrie en l'apercevant la présidente scandalisée (Sainte bonne Vierge! était l'exclamation des grandes circonstances), êtes-vous donc devenu fou, mon cher?...

— Non, madame, répond le vieux conseiller; mais je

rajeunis comme vous voyez, puisqu'on a trouvé bon de faire de moi un enfant de chœur (1)!

Tout s'expliqua bientôt, et l'histoire de la perruque fut un sujet de gaîté pour chacun, mais surtout pour la jeune de Rotrou, ma grand'mère, qui bien longtemps après souriait encore en la racontant à son gendre et à sa fille.

Qui le croirait? La sévère, l'austère présidente de Rotrou, devint, sans avoir pu le prévoir assurément, la cause d'un usage que sa conscience délicate devait plus tard hautement désavouer; usage qui blessa toutes convenances, offusqua le bon goût, et que la durée de deux siècles n'a pas encore entièrement aboli! Je veux parler de la promenade de Longchamps.

C'était alors une faveur très-recherchée que d'être élevée à l'abbaye royale portant le surnom de « Longchamps (2) »; or mon aïeule avait une nièce qui par sa naissance pouvait revendiquer le privilége de l'admission.

Heureusement douée de toutes manières, l'enfant avait de merveilleuses dispositions pour la musique et possédait une de ces voix à la fois puissantes et douces, qui promettent de grands succès : son talent naturel fut en effet bientôt distingué du milieu des autres élèves chantant au chœur, et l'on eut l'idée d'attribuer à la jeune fille les morceaux de choix dans les grandes solennités; on la chargea d'interpréter les plaintes de Jérémie aux offices des jours saints.

Madame de Rotrou était assez fière des différents avan-

(1) Le visiteur rappelait alors avec un heureux à-propos cette spirituelle réponse faite à Louis XIV dans une circonstance analogue.

(2) Du lieu où elle était située : « les Longs-champs », sur la lisière du bois de Boulogne.

tages qui distinguaient sa pupille : elle invita famille et amis à venir l'entendre interpréter les cantiques sacrés : on y alla, on fut enchanté, et les bonnes religieuses, s'honorant de leur élève, ne manquèrent pas de lui procurer de nouveaux succès les années suivantes.

Déjà il y avait affluence à Longchamps et l'on parlait de ses offices à la cour, lorsqu'un incident vint ajouter à la réputation de ses chants religieux. La jeune et pieuse reine, Marie Leczinska, voulut faire quelques jours de retraite à l'abbaye pendant la grande semaine; le roi devait venir l'y chercher. Il assista aux offices du Vendredi-Saint, et les deux Majestés, ainsi que leur suite, furent étonnées et ravies.

L'année suivante, toute la cour se rendit à Longchamps; il n'en fallait pas davantage pour entraîner la ville. Dès ce moment ce fut une mode, une manie, une fureur, comme il arrive pour tout ce qui cause un premier engoûment à Paris.

Cependant notre jeune virtuose avait quitté Longchamps pour se marier ; elle fut aussitôt remplacée.

Jusqu'alors, comme il a été dit précédemment, les filles de haute naissance pouvaient seules être admises dans cette abbaye; mais l'usage dut céder en faveur des sujets possédant de belles voix.

On abuse de tout en ce monde!... Quelques personnes fastueuses tirèrent parti de ce concours des gens de haut parage pour venir étaler au milieu d'eux le luxe de la toilette et des équipages; la rivalité s'en mêla, et l'on finit par ne plus venir à Longchamps que pour y déployer tout l'appareil de l'ostentation la plus choquante.

Lorsqu'Isabelle de France, sœur de Saint-Louis, fonda le monastère de « l'Humilité de Notre-Dame » en des prairies solitaires et paisibles, au bord d'un bois, elle ne se doutait guère que, six siècles plus tard, ce lieu sanctifié par tant d'actes de vertus, deviendrait le théâtre d'un scandale périodique, inauguré sous le règne d'un descendant de son frère!.... Et, si on lui eût prophétisé qu'une jolie voix de jeune fille serait l'occasion d'un usage qui devait survivre à la pieuse fondation, aurait-elle consacré à cette œuvre la somme de 500,000 francs (somme énorme pour cette époque), que lui avait léguée son père Louis VIII?

L'archevêque de Paris crut pouvoir faire cesser le scandale en supprimant la cause, ou plutôt le prétexte, qui y avait donné lieu : il défendit toute musique et toute solennité aux ténèbres de Longchamps, mais l'habitude était prise! Le goût de se faire distinguer prévalut; on abandonna les offices, et l'on continua de se rendre quand même sur le chemin de l'abbaye!..... La mode en devint si impérieuse que les étrangers accouraient tout exprès en France pour y faire resplendir la richesse de leurs « carosses, » la beauté de leurs chevaux et celle de telles femmes qu'ils protégeaient. Depuis, l'orage révolutionnaire a renversé le monastère, a dispersé ses débris, mais l'usage est demeuré!... et longtemps encore il a fait loi dans le monde élégant. Il va s'effaçant de plus en plus, grâce à Dieu, et tombera enfin dans l'oubli, comme toutes les choses de ce monde.

Il y a quelques années, je vis encore sur l'emplacement de l'abbaye le dernier arceau du sanctuaire où s'agenouilla saint Louis, où s'exhala la prière de Blanche de Castille, où reposa si longtemps la pieuse Isabelle de France. Ce vestige devait disparaître à son tour sous le marteau démolisseur; la pioche a défoncé, le rouleau a nivelé le terrain de Longchamps, et il est devenu un champ de courses où l'on se dispute des couronnes qui ne sont pas toutes celles de la vertu! — Mais revenons à mon aïeule.

La plus jeune de ses filles, Geneviève (1), est celle qui va maintenant nous occuper.

Les goûts simples et l'humeur enjouée de la jeune fille s'arrangeaient peu du décorum inflexible qui régnait dans sa famille, et son esprit fin, malicieux, original, la dessinait en saillie au milieu de ses sœurs, qui avaient subi davantage l'influence maternelle.

Elle trouvait des dédommagements aux menues hostilités dont elle était l'objet, dans la tendresse de son père qui l'appelait *sa cadichonne*. On peut protester contre l'harmonie et la bonne grâce du surnom; mais qu'aurons-nous à dire contre lui s'il répondait bien au sentiment qui l'avait inspiré? J'ai observé que les sobriquets ont toujours la couleur de l'être auquel ils s'appliquent, et il me semble que, dans son inspiration paternelle, le bon président avait très-bien résumé ce qui se trouvait chez son enfant de bonté, de naturel et de piquant.

Une des lois qui s'observaient le plus rigoureusement dans les familles à l'époque dont nous parlons, c'était l'ordre chronologique dans les mariages : or, comme ma grand'-mère était la dernière née, elle devait attendre pour s'établir que toutes ses sœurs fussent pourvues; mais un grand obstacle s'opposait au maintien des droits de la hiérarchie fraternelle : tous les prétendants ambitionnaient la main de Geneviève, et aucun n'adressait ses vœux à la dernière des aînées moins favorisée par les avantages extérieurs et le

---

(1) Voir pages 43 et 44, à la généalogie des Rotrou, ce qui concerne les titres et les alliances de François-Michel et de ses sœurs.

charme du caractère; celle-ci attendait toujours et faisait attendre sa sœur qui, à cause d'elle, avait déjà manqué plusieurs brillants partis.

Les choses étaient dans cet état, lorsque le seigneur André Menjot de Dammartin se mit au nombre de ceux qui aspiraient à la main de la jeune de Rotrou. Une grave contestation s'éleva entre le père et la mère à ce sujet. La présidente luttait pour le droit et l'usage contre ce qu'elle appelait la faiblesse de son mari; le président alléguait les avantages offerts par M. de Dammartin : naissance, fortune, agréments personnels; tout cela n'ébranlait pas l'austère justice de la mère; mais M. de Rotrou, qui, dans le cours ordinaire de la vie, accordait pleins pouvoirs à sa femme, savait au besoin user d'autorité; il trancha la difficulté à la manière d'Agamemnon en disant :

« *Madame, je le veux et je vous le commande.* »

Le mariage de Geneviève se trouva donc résolu, et M. Menjot de Dammartin fut admis à faire sa cour.

Le lendemain, à son lever, la présidente demande sa fille. Geneviève se présente : — « Mademoiselle », lui dit-elle, « le seigneur de Dammartin demande votre main; votre père et moi avons jugé à propos de la lui accorder; préparez-vous donc à cette union qui se fera dans quinze jours. »

Ma grand'mère ne réplique pas et court chez son père. — « Oui, mon enfant » dit le bon de Rotrou, « M. de Dammartin réunit tous les avantages que de bons parents peuvent souhaiter pour leur fille, et nous lui avons donné parole. Il ne vous déplaît pas, j'espère. »

— Comment, mon cher père, c'est lui! — Qui, lui? — Ce monsieur qui a de si vilaines oreilles? — Je n'avais pas remarqué ses oreilles, je l'avoue. — Oh! moi, je les ai vues;

et même...... je les ai dessinées. — Comment, Mademoiselle!... Mais, après tout, on peut être un fort bon mari et n'avoir pas l'oreille d'un Apollon! N'avez-vous que cela, ma fille, à objecter au sujet de votre futur époux? — Mon père, ce monsieur a l'air bien sévère, et puis n'est-il pas beaucoup plus âgé que moi? — Tout cela, ma chère enfant, ne saurait former obstacle à votre union; l'âge, en définitive, n'est pas disproportionné; l'air sévère disparaîtra parce que vous êtes bonne et gentille, et que votre mari vous aimera. Quant à l'oreille!.... — Quant à l'oreille, cher papa, je déchirerai mon dessin, il n'aurait qu'à le trouver plus tard!... — Oui, mais avant vous me le montrerez. — Oui, mon père. — Allez, mon enfant, et soyez heureuse!... Je vous bénis!...

Quelques semaines après cette petite scène, la jeune mariée quittait le pied des autels, et montait en chaise de poste pour se rendre à sa terre de Dammartin, située à douze lieues de Paris.

Le château, orné de deux pavillons carrés terminés en pointe, domine encore le vaste pays qui se déroule devant lui. Bois, villages, plaines et rivière, tout cela qui jadis constituait une riche seigneurie n'est plus aujourd'hui pour le manoir que perspective et point de vue.

Ce castel du temps d'Henri IV, après avoir résisté aux fureurs de 93, après avoir échappé au vandalisme des démolisseurs de la bande noire, a trouvé, grâce à son élégante construction, un amateur qui, pour quelques centaines de mille francs, a conquis le droit d'occuper notre place dans cette demeure où est née ma mère, et dont aujourd'hui je ne pourrais franchir le seuil qu'en étrangère.

Prospérités humaines, qu'êtes-vous?.. Combien il faut

bénir le ciel quand il nous affranchit à votre égard des désirs et des regrets !....

Ma grand'mère ne jouit pas longtemps de la douce vie de châtelaine : le moment de la grande tempête approchait; l'orage grossit, et la rafale populaire tomba sur la noblesse pour l'anéantir.

Un matin, c'était en décembre, une cohorte armée fond sur le château, se précipite dans les appartements et pénètre jusque dans la chambre à coucher. Mon grand-père, convalescent après une longue et grave maladie, était au lit. On l'en arrache violemment; et, sans lui donner le temps de prendre d'autres vêtements qu'une robe de chambre qu'il saisit au passage, on l'entraîne, et le voilà pieds nus, cheminant entre deux rangs de révolutionnaires qui, malgré son état de faiblesse maladive, le contraignent à se tenir dans les parties basses de la route et à traverser des mares d'eau glacées.

A le voir en cet état parcourir les avenues de son château, aurait-on pu reconnaître le brillant cavalier qui, peu d'années avant, avait impatronisé sa jeune épouse dans ses domaines au bruit de la mousqueterie et au son des cloches?... C'était lui cependant qui à cette heure, par un temps de bise et de neige, passait en criminel dans les rues du bourg, pour aller trouver, à deux lieues de là, un conseil de district dont il devait redouter la rigueur. Et cependant, chose étrange, la comparution devant le grossier et tumultueux aréopage n'eut pas le résultat qu'on devait attendre. C'est que, parmi ces hommes au milieu desquels mon grand-père avait été si rudement amené, se trouvaient ceux qui, hier encore, étaient ses humbles vassaux, et qui lui gardaient un secret dévoûment.... En présence de ce visage noble, majestueux, bien que la souffrance y eût imprimé ses traces, on se troubla... On hésita... on discuta. — « Qu'allons-nous faire de cet homme? Il n'a que le souffle, et va passer entre nos mains, » dit un adroit ami témoin de cette scène ; « sa mort n'enrichira pas beaucoup le district ! Je vote pour une rançon ! En prison jusqu'à ce qu'il paie ! » — « Il a raison ! Il a raison ! » s'écrie-t-on dans la foule. « En prison !... »

De prison, il n'y en avait pas en cet endroit; et l'on dut se contenter d'une cave où mon grand-père fut aussitôt jeté. En même temps, un émissaire dévoué était expédié, d'après l'indication du prisonnier, à M. de Pommeuse, voisin de terre le plus proche du théâtre de l'événement. Il fallait dix mille francs pour racheter la victime. L'amitié répondit immédiatement à l'appel qui lui était fait ; cependant son secours faillit arriver trop tard, car la haine n'est point patiente; des canons de fusils s'engagèrent dans le soupirail de la cave, et ce ne fut qu'en se tenant au-dessous de cette ouverture, pressé contre la muraille, que mon grand-père échappa aux décharges réitérées.

Les portes de son sinistre asile s'ouvrirent enfin. L'étonnement fut général lorsqu'on l'en vit sortir sain et sauf ! C'est peut-être à l'impression, qui saisit les nombreux spectateurs de cette scène, que le prisonnier dût de passer au milieu d'eux sans recevoir de nouveaux outrages, et qu'il pût être reconduit à son château par ses protecteurs déguisés.

La mort, néanmoins, avait marqué sa proie : mon grand-père succombait peu de temps après ces scènes violentes.

Madame de Dammartin, l'âme ulcérée par la douleur, faisait peu de cas d'une existence vouée désormais au malheur et aux regrets. Elle s'attendait à subir le sort de son mari ; elle s'y prépara. — « Fuyez, » vint-on lui dire un jour. « Les révolutionnaires parcourent le pays ; ils ont déjà pillé le château de Saint-Avoye et ils se dirigent sur Dammartin. » En effet, on voyait arriver par la route de Paris une troupe nombreuse, aux allures menaçantes. — « Non, » dit-elle, « je ne fuirai pas : la peur n'a jamais sauvé personne ; ma place est ici, j'y resterai. » Aussitôt elle commande que toutes les grilles des avenues, que toutes les portes soient ouvertes. Elle fait dresser une table dans le grand salon d'honneur, et ordonne qu'on la couvre de rafraîchissements ; puis elle se place avec sa jeune enfant derrière ce rempart d'un nouveau genre, et elle attend..... La bande farouche ne tarde pas à paraître ; ma grand'mère entend les clameurs de ces forcenés ; ils veulent piller et tuer peut-être... — « Où est la citoyenne, » s'écrient-ils, « où est-elle ? » — « La voici, » répond sans s'émouvoir madame de Dammartin ; « que lui voulez-vous ? » A l'aspect de cette femme digne et sereine, le tumulte cesse ; le silence règne un instant, elle en profite. « *Messieurs,* » leur dit-elle, « la journée est chaude ; vous me paraissez fatigués ; je vous ai fait préparer quelques verres de vin. » Et aussitôt elle commence à servir elle-même ces étranges visiteurs.

— « T'es une bonne citoyenne » lui dit un de ses hôtes ; « faut que j'te donnions l'accolade fraternelle. » Elle abandonne sa joue à celui qui tout à l'heure peut-être sera son bourreau ; mais quelles ne furent pas ses transes maternelles, quand elle vit son redoutable interlocuteur saisir de ses deux bras l'enfant qui se tenait docile et muette à ses côtés. — « La p'tite est gentille, » dit-il ; « faut aussi que je l'embrassions. » Et il applique ses grosses lèvres vineuses sur une peau de feuilles de roses.

Tout alla bien cependant ; Angélique fut replacée aux côtés de sa mère dont le front s'était couvert d'une sueur glacée.

Les révolutionnaires burent à souhait, et, comme il était tard, qu'ils étaient las, ils se contentèrent d'emporter ce qu'on s'était empressé d'offrir à leur convoitise : provisions de bouche, batterie de cuisine, literie, etc., etc.

Cependant l'effervescence populaire, loin de diminuer, augmentait de plus en plus. S'il avait été beau de se montrer forte et habile devant le danger, il y aurait eu folie à le braver sans nécessité.

Madame de Dammartin était mère ; elle savait ce que ce titre exigeait de sa prudence ; voulant se faire oublier, elle prit de modestes vêtements et abandonna le château pour aller habiter les *communs*, c'est-à-dire le bâtiment destiné jusqu'alors aux gens de service : elle mit sur le dos de la petite Angélique une peau de mouton, et les paysans virent avec satisfaction la jeune de Dammartin mener aux champs, dans le costume des bergères du pays, une chèvre qu'on lui avait donnée pour amusement.

Autre concession : Le dimanche, à l'église, le banc seigneurial restait vide, car madame Menjot avait renoncé dès longtemps à l'occuper, ce dont Angélique ne parvenait pas à comprendre le motif ; aussi demandait-elle toujours « pourquoi sa maman se plaçait si loin du bon Dieu. »

Grâce à ces mesures de prudence, ma grand'mère fut quelque temps à l'abri des persécutions, car elle était aimée de ses paysans, elle en faisait chaque jour l'expérience.

Cependant la présence de la châtelaine au milieu de ses anciens vassaux ne pouvait être longtemps ignorée des autorités environnantes ; dans Paris, d'ailleurs, elle comptait encore des parents et de nombreux amis ; l'inquiétude à leur sujet la dévorait. Son hôtel (rue Culture-Sainte-Catherine, au Marais) n'avait pas été visité par elle depuis la mort de son mari, et il contenait des objets précieux : confiante dans les moyens qui lui ont jusqu'alors réussi, elle part avec un seul domestique ; elle arrive le soir et sans bruit. Les volets de l'hôtel restent fermés, même pendant le jour ; elle ne sort qu'à la tombée de la nuit. Profitant de ce favorable incognito, elle soustrait aux poursuites des agents de la guillotine un malheureux prêtre, un vieil ami de sa famille, qu'elle trouve moyen de dérober à tous les yeux ; toutefois sa généreuse hospitalité ne pouvait être que provisoire pour le proscrit ; il devait fuir et quitter la France ; mais avant tout il fallait sortir de l'hôtel et traverser Paris sans être reconnu ; un seul moyen fut jugé praticable : ma grand'-mère changea ses habits contre des vêtements affectés aux femmes du peuple et sortit de chez elle donnant le bras au vieillard, qui, sous un déguisement analogue, pouvait passer pour la mère de sa conductrice.

Ils cheminaient ainsi, ne disant mot et marchant droit !... lorsqu'au détour d'une rue ils se trouvent tout à coup à quelques pas d'une troupe d'égorgeurs qui sortaient de la prison dite « *de la Force*, » où ils venaient d'exterminer les détenus. Ces détenus étaient ce que dans leur argot infernal ils appelaient « *des calotins.* » Ces hommes, ivres de sang et de vin, s'en allaient chantant, ou plutôt hurlant, leurs exploits : un de ces furieux, dans la dilatation de sa joie, accoste brusquement ma grand'mère, se pose devant elle en abaissant ses deux poings sur ses genoux, et, la regardant fixement, lui dit avec un ricanement atroce :

— « Dis donc, citoyenne, j'en ons tué onze !!! »

A ce moment terrible, ma pauvre grand'mère reçut une telle commotion que son cœur cessa de battre; elle se sentit défaillir ; un signe de frayeur, un seul, et la mort suivait à l'instant.... Les grands périls produisent ordinairement les grands courages ; madame de Dammartin sourit..... et passa.

La Convention singeait l'ange exterminateur des Égyptiens : elle marquait aussi d'une croix de sang, mais cette croix n'était pas ici le signe de la délivrance, c'était celui de la condamnation. Ce gage de mort fut trouvé un matin sur la porte de l'hôtel ! L'exécution ne suivait pas toujours immédiatement, car les prisons étaient pleines et le nombre des victimes commençait à excéder les forces des bourreaux. Il fallait cependant s'assurer des « *suspects;* » on eut recours à un moyen ingénieux : on distribua des « *passes*, » c'est-à-dire des billets qui, sous l'apparence de sauf-conduits, cachaient la ruse la plus perfide; car, d'une part, on était sommé de venir au comité de Salut public demander une « *passe*, » et de l'autre, on ne pouvait la recevoir qu'à la condition de déclarer son nom et sa demeure; ainsi désigné, numéroté, on restait libre à la façon des lapins dans une garenne, et, les portes de Paris une fois fermées, les chasseurs de gibier humain n'avaient plus que le choix.

Le motif secret de cette mesure sanguinaire est révélé à ma grand'mère; un seul parti reste à prendre : fuir, avant que Paris ne soit transformé en prison. Mais comment fuir? Madame de Dammartin met un jupon de grosse laine qui lui vient à mi-jambes; elle s'affuble d'un casaquin de même étoffe; elle chausse de gros souliers ferrés et s'enveloppe la tête dans un fichu de coton rouge; elle ajuste sa fille à l'avenant, se fait amener une mauvaise charrette attelée d'une haridelle, s'installe dans le char rustique au milieu de pots à lait et arrive ainsi près de la barrière. Elle en était à peu de distance, mais, hélas! les portes fatales vont se fermer.... elles se ferment!.... On frappe le cheval, il est poussif! Pas de jambes et pas d'haleine! — « Oh! hé!... » crie ma grand'mère, « vous êtes b'en pressés, vous aut'es! n'faut y pas que j'passe?... » — « La p'tite mère; ça s'ra pour demain! » dit un des employés de la barrière; « pour aujourd'hui, *nix!* » Et il fait glisser rapidement l'index droit sur l'index gauche, en les approchant de son nez, et en clignant malicieusement ses yeux. — « Allons donc! Vous badinez : d'main mon p'tio s'rait mort, l'pauvre innocent qui n'a pas tété d'aujourd'hui! » — P'isque c'est comme ça, va t'en, et dépêche-toi! » — « Merci! »

La charrette franchit la grille, on veut s'éloigner avec rapidité; mais les efforts exigés du malheureux cheval ont épuisé le reste de ses forces, il tombe... il expire!...

Cependant il avait sauvé la mère et l'enfant, à qui depuis j'ai dû la vie.

De retour à Dammartin, heureuse de trouver un toit de chaume à côté du château, mon aïeule cherchait de nouveau sa sûreté dans l'oubli, et sa consolation dans l'amour maternel. Cependant l'heure du repos était loin de sonner pour elle; la modestie de sa vie ne suffisait plus à la préserver de la haine vouée à sa caste. Un jour (elle était seule), un inconnu se présente devant elle. — « Madame... » lui dit-il. A ce mot de « *madame* » depuis longtemps rayé du dictionnaire, ma grand'mère regarde fixement le personnage qui l'interpelle : en ce moment, la politesse, les égards, peuvent coûter la vie!... — « Est-ce un déguisement? » se dit-elle. « Cette cocarde rouge... tout indique.... Et cependant il m'appelle « *madame !...* »

Elle essayait vainement de pénétrer ce mystère, quand l'inconnu lisant dans sa pensée reprit ainsi : — « Vous cherchez à me reconnaître, mais vous n'y réussirez pas ; et cependant j'ai conversé avec vous, j'ai bu de votre vin, à votre table, et ce vin, il me fut versé par votre main.... »

L'étonnement de ma grand'mère redouble. — « De grâce!... » dit-elle. L'inconnu sembla ne pas l'entendre et après un moment de silence, pendant lequel ses traits prirent une expression marquée d'attendrissement, il ajouta : — « Vous étiez puissante alors, vous étiez riche; de nombreux serviteurs vous entouraient; on n'arrivait à vous que par des portes dorées, et cependant moi, pauvre huissier, moi, porteur d'un message qui devait vous déplaire, vous m'avez accueilli, vous m'avez souri, vous m'avez parlé avec grâce et bonté! J'étais las, vous m'avez fait asseoir; j'avais soif, vous m'avez désaltéré; j'avais peur, vous m'avez rassuré; alors je vous ai bénie dans mon cœur et j'ai désiré trouver l'occasion de vous prouver ma reconnaissance; cette occasion s'est présentée; vous ne pouvez rien aujourd'hui! Moi, je puis tout; je suis chef du district; le comité départemental a placé trois fois votre nom sur la liste des suspects, et trois fois je l'ai rayé; mais cette opiniâtreté pourrait nous perdre tous les deux. Fuyez, voici un sauf-conduit; avec lui vous voyagerez en sûreté. Ah! madame, si tous les nobles vous avaient ressemblé!... » A ces mots, et avant que ma grand'mère ait eu le temps de se reconnaître, il s'inclina, déposa sur sa main un baiser respectueux et disparut.

Madame de Dammartin, craignant de perdre le fruit de cette heureuse circonstance hâte les préparatifs de son départ; mais, avant de quitter pour toujours peut-être ces lieux où tout garde encore les traces de sa vie heureuse, elle veut leur dire un dernier adieu. Elle parcourt les allées du parc: voilà celle qui porte son nom; ici est un banc de gazon où elle a bercé sa fille; voici « le bosquet aux roses! » elles s'épanouissent librement, doucement, sous l'influence des beaux jours du printemps; que font à la nature nos haines et nos crimes?... Sa beauté est à l'abri de nos outrages, elle parle à tous d'amour et de paix; ce n'est point sa faute si nous nous faisons malheureux, en refusant de l'entendre!.. Le moment n'était point favorable à de longues rêveries; ma grand'mère se hâte: elle traverse les cours, l'herbe y dessine la forme des pierres!... Où sont les troupeaux qui, au coucher du soleil, venaient se désaltérer à ce bassin?... Elle passe et, munie de la clef d'une porte de dégagement, elle entre....

Le vestibule aux dalles noires et blanches, le grand escalier de pierres, tout est sombre, et elle est péniblement affectée par cette odeur caverneuse dont les habitations abandonnées se remplissent bientôt. Elle monte; elle se dirige malgré l'obscurité; ces lieux lui sont si connus!... Elle pénètre dans une pièce, puis dans une autre, enfin elle s'arrête.. la voilà dans une chambre tendue en damas jaune et près d'un lit à colonnes surmontées d'un baldaquin... Elle tombe à genoux : c'est là qu'est née sa fille!... Mais sa visite mystérieuse n'est pas achevée; l'aile droite du château reste à parcourir; là sont les appartements habités autrefois par M. de Dammartin... Sa femme, depuis plus d'une année, ne s'est pas senti le courage de rentrer dans cette chambre fatale!... C'est de là que son époux lui fut un jour arraché violemment, c'est là qu'il revint pour mourir!!..

Au moment de franchir le seuil du sanctuaire abandonné, une crainte involontaire la saisit; elle est prête à reculer.... un sentiment religieux la retient; elle ne partira pas sans avoir rendu un dernier hommage à la mémoire de celui qui n'est plus, sans avoir prié pour lui à l'endroit même où il a cessé de vivre! Un second motif détermine madame de Dammartin à visiter ces tristes lieux : un titre important manque à la collection des papiers de famille; peut-être a-t-il été laissé dans cet appartement, et elle ne peut confier à personne le soin de cette recherche. Elle avance... les volets sont fermés; cependant ses yeux s'étant habitués à l'obscurité ne tardent pas à discerner tous les objets; ils ont gardé leur place et leur aspect; rien n'est changé!!.... et cependant tout a changé!....

Elle s'approche du bureau qui placé près de la fenêtre reçoit quelques rayons lumineux suffisants à ses projets; elle en tourne la clef.... à ce moment elle entend ou croit entendre.... un soupir!....

Sa main s'arrête... elle prête l'oreille... silence absolu!... Croyant s'être trompée, elle poursuit l'action commencée... mais la voici encore immobile!... Cette fois elle a parfaitement distingué un second soupir!...

Un frisson parcourt le corps de ma grand'mère, elle n'est pas superstitieuse, mais l'aventure est si étrange!... Cependant elle doute encore, et, comme les âmes tendres ont toujours des premiers mouvements d'amour, cette exclamation sort de sa bouche : « Ah! si c'était lui!.... »

La réflexion ne lui permet pas de se livrer à cette illusion ; cependant ce soupir!..... car il y a eu un soupir.... serait-ce un voleur?... les voleurs ne soupirent guère.... mais alors qu'est-ce donc?... Retenant les battements de son cœur pour mieux saisir le moindre bruit, elle se perdait en conjectures, lorsqu'un troisième soupir, plus profond que les deux autres, répond à ses incertitudes, et ce soupir, elle n'en saurait douter, part du lit... de ce lit désert et glacé ! !..

Dirai-je les mouvements divers qui assaillirent le cœur et l'esprit de madame de Dammartin en cette mystérieuse occurrence? Peindrai-je les fluctuations douloureuses de sa pensée en présence d'un fait aussi certain qu'inexplicable?...

Une bonne conscience est la meilleure des sûretés contre la peur; ma grand'mère se recueille un moment, puis, comme toujours, sereine et courageuse, elle marche vers le lit... Elle écoute... elle regarde... rien!... cela tient du prodige... Sera-t-elle réduite à douter de ses sens... de sa raison?...

Sur le pied du lit avait été jeté par hasard un manchon dans son étui ouvert; l'idée lui vient de soulever ces objets; que voit-elle?... Un jeune chien qui, s'étant introduit par une issue connue de lui seul, avait trouvé bon de s'installer sur l'édredon seigneurial. Le manchon avait roulé sur lui; et la bête étouffait pendant son sommeil!...

Comme il arrive souvent, le comique s'alliait ici au dramatique!.... Les innocents soupirs du pauvre animal avaient fait palpiter le cœur d'une châtelaine; ils avaient renouvelé en elle les émotions d'un drame terrible, dont le dénoûment fut la mort!...

Ici s'arrête la trop courte série des récits concernant la lignée maternelle de la comtesse Milon de Lernay. On le sait déjà, l'auteur a quitté ce monde en y laissant de nombreux travaux inachevés.... Sa plume avait cependant consigné d'autres souvenirs; mais, comme ils se rapportent à la famille de son père, nous avons dû les réserver pour une publication projetée où seront rapportées les chroniques de la famille des Milon.

VII.

Descendance de Germain, de Simon et de Claude de Rotrou.

Nous voici arrivés au moment de mentionner ici, comme nous l'avons annoncé au chapitre V, les personnages saillants dans la descendance de Germain, de Simon et de Claude Rotrou, oncles de Jean, le poète, et de Pierre, son frère.

Claude, fils de Germain, né en 1613, figure comme son père parmi les maires de Dreux, à la date de 1645.

Des sept enfants de ce dernier, deux seulement eurent postérité :

1° *Jean,* officier de Monsieur, frère de Louis XIV, marié en 1663 à Claudine Auvry (dont un fils, *René,* surnommé

« le Romain, » officier chez le roi, marié à Catherine Violet).

2° *Claude*, président de l'élection de Dreux (marié à Françoise Cagnyé), mort en 1663. Celui-ci eut *Claude-Bernard*, inspecteur des eaux et forêts, qui eut un fils, *Jean-Baptiste Rotrou de Bonchamp*, et une fille, mariée au sieur de Cramail, ci-dessus nommé. Un second fils du président de l'élection fut *Charles Rotrou*, avocat au parlement; celui-ci eut cinq enfants, mais tous moururent sans postérité (dont un religieux décédé en 1709).

VIII.

Descendance d'Alain de Rotrou.

Dans le désir d'arriver d'une manière plus claire d'Alain Ier, mort en 1552, à Jean le poète, mort en 1650, nous n'avons mentionné qu'un des fils de cet Alain : c'est-à-dire Jean, maire de Dreux en 1581 (page 10, chap. III). Il nous reste à donner la descendance d'*Alain IIe du nom*, qui, ainsi que son frère Jean, épousa une demoiselle de la Censerie (Claudine) le 5 février 1552. Il mourut en 1601, après avoir eu sept enfants (1), dont l'aîné *Jacques*, né en 1579, fut l'aïeul de *Claude*, né en 1642, maire de Dreux en 1684.

Denis, cinquième enfant d'Alain II, eut pour fils *Claude*, greffier en chef de l'élection de Dreux, né en 1630, mort en 1694 (2). Celui-ci eut six enfants (3), dont l'aîné fut

---

(1) 1° Jacques, ci-dessus nommé, qui épousa Marguerite Badouleau, de la Mézangère.

2° Antoine, religieux à l'abbaye de Saint-Vincent-les-Bois.

3° Léonarde, mariée au seigneur de Lalan de Saint Germain.

4° Marguerite, mariée au seigneur de Nonancourt.

5° Denis (dont plus loin la descendance).

6° Alain III, sans postérité.

7° Claude, procureur du roi à Dreux. Il épousa Simone Rousseau, de Mézières.

(2) Voir ci-avant la page 32 concernant une pierre tumulaire (en l'église Saint-Pierre de Dreux) portant la date de 1695.

(3) 1° Pierre-Joseph, ci-dessus nommé.

2° Marguerite, mariée au sieur Sédillot du Breuil et en deuxièmes noces au sieur de Henry, écuyer.

3° Charles Chrétien, officier des gardes du duc d'Orléans, marié à demoiselle de Kergorlay.

4° Marie, mariée à Pierre d'Aligre, seigneur du Coudray (1660).

5° Louis-Mathieu Rotrou, vicomte de Nonancourt, né en 1665.

6° Claude, greffier en chef de l'élection de Dreux, né en 1663, mort en 1750.

Celui-ci eut sept enfants dont nous n'avons jusqu'à présent trouvé que deux: 1° Alexandre, né le 20 décembre 1729, intéressé dans les affaires du roi, marié à Anne-Elise de Ruelle; 2° Chrétien, chef des bureaux de la guerre, dont un fils Simon, marié en 1745 à Adélaïde.... Lesquels eurent pour enfants Louis-Félix, né en 1774, et Charlotte-Thérèse-Sophie, née en 1776. (Denis-Mathurin Rotrou, dit « *Bienfaiteur de Dreux,* » en 1781, appartient probablement à cette branche, bien que nous n'en ayons pas la certitude).

Pierre-Joseph, né en 1685, avocat, qui épousa le 11 octobre 1695 Angélique Rotrou, sa cousine, issue de Germain (arrière-petite-fille de Jacques Rotrou, fils d'Alain II, nommé ci-avant, et de Marguerite Badouleau, de la Mézangère).

Du mariage de Pierre-Joseph et d'Angélique naquit en 1702 *Claude Rotrou,* surnommé « *l'Italien,* » directeur général des fourrages en Italie, marié à Françoise le Menestrel le 1er décembre 1742, mort à Strasbourg en 1768. Il eut quatre filles (1) et un fils *Louis-Claude* (marié en premières noces à Héléna le Menestrel et en deuxièmes noces à Charlotte Blin), maire de Dreux en 1812. Il s'occupa de la restauration de l'Hôtel-de-Ville et en consacra le souvenir par une plaque et un procès-verbal contenus dans une boîte qui fut enfermée dans la maçonnerie de la façade. Voici la teneur de l'acte administratif :

« L'an 1812, le 10 avril, la façade de cet Hôtel-de-Ville fut réparée par les soins de *Louis-Eutrope Lamesange,* par l'ordre de *M. Louis-Claude Rotrou,* maire, sous le règne de Napoléon Ier, empereur des Français.

« Parvenu à la cinquième année de ma mairie pour mon second service, par le bonheur d'être utile à la cité qui est le berceau de mes ancêtres.

« Si à l'époque où cet écrit sera trouvé il existe encore un rejeton de ma famille, honoré de la place que j'occupe, je le somme, au nom de l'amour de la patrie, de faire le bien avec courage ; il en trouvera la récompense dans son cœur ; s'il

---

(1) Suzanne et Marguerite, mortes filles.

Marie-Françoise, religieuse à Dreux.

Marie-Angélique, mariée à Lambert du Londe, capitaine d'infanterie, chevalier de Saint-Louis.

n'ose pas faire son devoir dans la crainte de se faire un ennemi, qu'il se retire, il n'est pas digne de la place. »

A la suite de cette pièce sont mentionnés plusieurs personnages originaires de la cité : de Billy, général de brigade, tué à Iéna ; de Planque, mort à Saint-Domingue ; Claye, aide de camp du général Championnet, tué en entrant le premier à Naples ; « comme ayant fait honneur à leur pays par leurs talents et leur bravoure. »

« Enfin, est-il dit en terminant, le bon esprit qui anime mes habitants me persuade qu'il n'est aucune ville de France où l'on soit aussi véritablement Français qu'à Dreux, et je m'honore d'être leur maire. »

Signé : « Rotrou. »

Nous devons placer ici un passage qui concerne ce magistrat, dans le discours prononcé par M. Mesirard, maire de Dreux, à l'occasion de l'inauguration de la statue du poète. « De nos jours, dit-il, nous avons vu Louis-Claude Rotrou occuper la place de maire pendant dix ans. Administrateur éclairé, il consacrait tout son temps à l'amélioration de la cité et au bien-être de ses administrés, soutenant fortement leurs intérêts devant les autorités supérieures, et spécialement dans une occasion où il s'agissait d'une mesure financière, ce qui l'avait fait surnommer par l'empereur Napoléon Ier « *le maire aux octrois.* » Mais c'est principalement à la chute du premier empire, et lors de l'occupation du territoire par les armées étrangères, qu'il montra une grande fermeté de caractère, unie au courage civil, en empêchant les exactions des soldats. »

On a de Louis-Claude, un manuscrit daté de 1807, intitulé : « *Abrégé historique des antiquités de la ville et du comté de Dreux.* »

Claude a laissé trois enfants : *Claude,* né à Houdan; *Mélanie,* née à Dreux; *Alain,* né à Dreux en 1822.

Nous sommes parvenus, avec la descendance de Denis, cinquième fils d'Alain II, à l'époque contemporaine; nous devrons remonter la lignée, pour trouver dans le septième enfant d'Alain II (c'est-à-dire Claude Rotrou, procureur du roi, qui épousa Simone Rousseau, de Mézières) (page 74) le père d'*Eustache de Rotrou*, président, lieutenant-général à Dreux en 1701.

Le nom de ce magistrat est cité dans une inscription datée de 1701, gravée sur une table de marbre, qui pendant la révolution fut enlevée de l'Hôtel-de-Ville, et qu'en 1858 M. le maire de Dreux se proposait d'y faire réintégrer.

Eustache de Rotrou mourut en 1638, âgé de 81 ans; il ne laissa point de fils.

De trois de ses filles mariées, une seule a laissé postérité : ce fut *Denise Rotrou* qui, le 1er mars 1728, épousa Claude Dorat, chevalier, seigneur de Chameulles, commandeur et secrétaire de l'ordre de Saint-Lazare, conseiller du roi, auditeur ordinaire en sa chambre des comptes et grand bailli d'épée du comté de Dreux (auteur d'un manuscrit sur Dreux, composé en 1740) (1).

---

(1) Nous pensons ne devoir point omettre de mentionner une famille de Rotrou, propriétaire pendant longtemps d'un bien situé aux portes d'Evreux. On suppose raisonnablement qu'elle s'alliait à la famille des Rotrou de Dreux; mais, n'ayant pas encore trouvé l'indication du point de jonction, nous nous bornons aujourd'hui à constater l'existence des Rotrou d'Evreux, possédant au siècle dernier le fief de la Madeleine.

IX.

Notes diverses.

Note 1re. — Voir page 41.

Extrait d'une lettre écrite à M. Ch. Lemenestrel, éditeur à Dreux, 10 juin 1868 :

« Je viens de me faire montrer à Saint-Merry une pierre tumulaire où j'ai pu distinguer, non sans émotion, le nom de *Rotrou*.... du frère de Jean. Elle est placée dans la direction du levant et par conséquent dans le sens de l'église elle-même; c'est la première dalle sur laquelle il faut marcher pour passer le seuil de la porte latérale qui ouvre sur la rue de la Verrerie; heureusement cette porte monumentale ne s'ouvre presque jamais; on entre par ses deux petits côtés, ce qui préservera pendant quelque temps encore l'inscription, déjà presque effacée.

« Ce qui forme maintenant le tambour de cette entrée était jadis, m'a-t-on dit, une chapelle; peut-être la chapelle funéraire des Rotrou. La porte d'entrée était placée à quelques pas plus haut ; on en voit encore les traces dans le mur. Ci-joint une lettre que je viens de recevoir et qui donne des renseignements intéressants.

« Madame la Comtesse,

« Après avoir fait laver bien précieusement la pierre tumulaire, j'ai pu lire ces mots :

« Sous cette tombe est le corps de dame Louise Le Noël,
« épouse de Pierre de Rotrou, conseiller et maître-d'hôtel
« ordinaire du Roi, seigneur haut justicier de Saudreville,
« Fourchainville, laquelle mourut le dimanche 26 de no-
« vembre 1673. » Ceci occupe la moitié de la pierre; le reste est effacé et devait contenir l'inscription de messire Pierre de Rotrou, son époux, car dans l'acte de décès, que j'ai vu aux archives de la ville, il est dit que « Messire
« Pierre de Rotrou, conseiller du Roi, seigneur haut jus-
« ticier, etc., mourut le 15 mars 1702, *en la maison de*
« *l'Institut de l'Oratoire,* faubourg Saint-Jacques, paroisse
« Saint-Jacques-du-Haut-Pas, et qu'il fut inhumé le 17
« courant *à Saint-Merry, dans le caveau de famille,* » sans indiquer quelle place occupait cette sépulture dans l'église (1).

« Il en est de même, dans « l'acte de décès de dame
« Louise Le Noël, épouse de Pierre de Rotrou; elle mou-
« rut le dimanche 26 novembre 1673, *dans son hôtel, rue*

---

(1) On pourrait admettre que cette place n'a pas changé; car au-dessous de la dalle se trouve encore une vaste cave où il semble que l'on pouvait disposer plusieurs sépultures. On y pénètre par un assez large escalier. La pierre du pavé de l'église n'aurait donc servi qu'à indiquer l'endroit verticalement correspondant dans la cripte. Il ne paraît pas qu'elle ait été destinée à se lever pour livrer passage aux cercueils, car elle est privée de l'anneau qui se trouve à d'autres pierres dans la même église. L'endroit où cet anneau aurait pu être fixé, c'est-à-dire au-dessus de l'inscription, offre une grande marge qui probablement était occupée par les armoiries; il n'y en a plus trace.

« *Sainte-Avoye* (sans indiquer le n° de la rue), et elle fut « inhumée à Saint-Merry, sa paroisse, en présence de son « fils » (mais l'emplacement n'est pas indiqué). Je le regrette, car cela nous eut fourni quelques renseignements historiques, intéressants pour la paroisse comme pour vous, Madame la Comtesse. Persuadé que je vous ferai plaisir, j'allai à la bibliothèque de la ville et je consultai le recueil des épitaphes de Paris, principalement celui de Saint-Merry; mais mon espoir fut déçu, car je n'y ai pas rencontré Pierre de Rotrou; alors je consultai le nécrologe paroissial, et je trouvai, à la *date du* 26 *janvier* 1676, *une fondation de trois messes basses, faite par Pierre de Rotrou pour son épouse* (sans autre indication); plus loin, à la date du 30 mars 1692, une autre fondation de trois messes basses *pour Louise-Marie de Rotrou, sa fille, dame d'Orsanne* (sans indication non plus).

« Voilà, Madame la Comtesse, ce que j'ai fait jusqu'à présent; si je puis me procurer d'autres renseignements, je le ferai avec un grand plaisir.

« J'ai l'honneur d'être, etc.

« Signé : Ed. SALÉE,

« Sacristain. »

Pierre de Rotrou a été reçu *marguillier* de Saint-Merry, le premier dimanche de carême, 7e jour de mars 1688.

Marguillier comptable dans les années 1688, 1689, 1690, 1691.

Sa *signature* se trouve dans les registres de délibération de la fabrique de Saint-Merry depuis le mois de mars 1688 jusqu'au mois de décembre 1692.

Dans l'ouvrage intitulé « *Les Anciennes Maisons de Paris,* » par M. Lefèvre, 1864, au tome 3, page 27, se trouve *à l'article de la rue du Temple* un paragraphe concernant les Rotrou et les Rambuteau, où il est dit : « Il doit subsister peu de choses d'une propriété à laquelle s'ajoutait une plus petite *qui donnait dans la rue du Plâtre.* Voici leurs états de service :

« Bail à cens, fait par le grand-prieur, pour le terrain d'icelles et de plusieurs autres contiguës, le 24 mai 1458, à Ravault le Danois, général des monnoies du Roi, qui a pour cessionnaires Albin Laîné, puis Aug. de Pomereu, seigneur de la Bretèche, mari d'Agnès Laîné, puis Richemont Hardy, directeur des finances, 1660. Les créanciers du dit vendent à Pierre de Rotrou, frère du poète, conseiller d'État, maître d'hôtel ordinaire du Roi, en 1785, etc., etc. »

Suit une nomenclature des autres membres de la famille de Rotrou alliée à celle des Rambuteau.

Le coin de la rue du Temple et de la rue du Plâtre, où devait se trouver l'hôtel de Pierre de Rotrou, porte actuellement le n° 32 ou 34.

Il est bon de savoir que la section de la rue du Temple, comprise entre les rues Sainte-Croix-de-la-Bretonnerie et des Vieilles-Haudriettes, était dite *Grande-Rue-du-Temple,* avant l'établissement des religieuses de Sainte-Avoye qui lui donnèrent leur nom ; or, il a été dit que Louise Le Noël, épouse de Pierre de Rotrou, mourut « *dans son hôtel, rue Sainte-Avoye.* »

On a cessé d'appeler cette rue *de Sainte-Avoye* en 1851.

Il faudrait donc conclure de tout ceci que l'hôtel de Rotrou était situé à l'angle de la rue du Plâtre, rue Sainte-Avoye-du-Temple.

Une des rues de Paris conserve le souvenir du nom de Rotrou (celui de Jean le poète, frère de Pierre). Par une très-judicieuse disposition, la rue « *Rotrou* » forme la parallèle de la rue « *Corneille*, » à droite du théâtre de l'Odéon.

L'institution du noviciat de l'Oratoire, où est mort, le 15 mars 1702, *Pierre de Rotrou*, fut fondée, en 1650 avec les libéralités de Nicolas Pinette, pour servir aux personnes qui se destinaient à entrer dans la congrégation. — L'église fut bâtie de 1655 à 1657, sous le vocable de la Sainte-Trinité et de l'Enfant-Jésus. On y voyait plusieurs tableaux de Coypel et de Lebrun, ainsi qu'un monument élevé par Sarrasin à la mémoire du cardinal de Bérulle.

Cette institution ayant été supprimée en 1792, l'on plaça dans ses bâtiments, en 1801, l'hospice de la Maternité, etc.

En 1814, on y établit l'hospice des Enfants-Trouvés, actuellement encore rue d'Enfer, n° 100.

(Extrait de l'*Histoire de Paris*, par M. *Meindre*, t. 4, page 585).

Nous trouvons dans les *Archives de l'Empire*, section judiciaire, série X, 8671, la copie des lettres patentes accordées à Pierre de Rotrou, au mois de mars 1674 :

« *Don et octroy de haulte moyenne et basse justice au sieur de Rotrou dans les hameaux ou petits villages de Saudreville et Fourchainville.*

« Louis par la grâce de Dieu, Roy de France et de Navarre à tous présens et advenir Salut, désirant grattifier et favorablement traitter le sieur de Rotrou nostre Conseiller et Maistre d'hostel ordinaire en considération des services qu'il nous a cy-devant rendus dans la fonction et la charge de Secrétaire de nostre armée d'Allemagne qui estait commandée par feu nostre très cher et bien amé cousin le Mareschal de Guébriant et dans les autres employs qu'il a eu pour nostre service, nous lui avons en confirmant la concession qui lui a esté faite par nostre très cher Oncle le duc de Verneuil le sieur Colbert Conseiller ordinaire en tous nos conseils ministre et Secrétaire de nostre Etat en qualité de tuteur honoraire de nos très chers cousins les duc et Chevalier de Vendosme et par le sieur Lecamu conseiller en nos conseils et premier président en nostre cour des Aydes de nostre bonne ville de Paris, Chef du Conseil de nos dits Cousins les duc et Chevalier de Vendosme ensemble par les sieurs Margeres grand audiencier de nostre chancellerie Ragueneau et Duhamel advocats en nostre parlement et Marotin tuteur onéraire qui composent le dit conseil mentionnés au résultat d'y celui et advis des dits sieurs tuteurs cy-attachés sous le contre-scel de nostre chancellerie donné et Octroyé et de nostre grâce spéciale plaine puissance et autorité royale par ces présentes signées de nostre main, donnons et octroyons le droit de haulte moyenne et basse justice dans les hameaux ou petits villages de Saudreville et de Fourchainville et leurs dépendances relevans du duché d'Estampes que possèdent par engagement nos dits cousins les duc et Chevalier de Vendosme voulons et nous plaist que le dit sieur Rotrou ses trois successeurs et ayant causes jouissent plainement, paisiblement et perpétuellement du dit droit de haulte moyenne et basse justice dans toute l'étendue des dits deux hameaux de Saudreville et de Fourchainville circonstances et dépendances ainsy comme font les haultz justiciers de nostre royaume la puissent faire exercer par leurs officiers avec permission de faire dresser fourchettes patibulaires et user de tous autres droicts appartenans aux Seigneurs haults justiciers sans qu'ils y puissent être troublés n'y empeschés en quelque sorte et manière que ce soit à la charge que les appellations des sentences et jugemens donnés par les officiers des dites justices relèveront directement par devant les juges qui doivent et ont accoustumé d'en connaître et non ailleurs en dédommageant les officiers dont relevait la dite justice de Saudreville et Fourchainville et aux conditions portées par les dits résultats du Conseil de nos dits cousins les duc et Chevalier de Vendosme et advis de leurs tuteurs honoraires. Si donnons en mandement à nos amez et féaux conseillers les gens tenans nostre cour de parlement à Paris et à tous autres nos officiers et justiciers qu'il appartiendra, que ces présentes ils fassent lire publier et registrer où besoin sera, et du contenu en icelles fassent souffrent et laissent jouir et user le dit sieur de Rotrou ses successeurs et ayant droit plainement et paisiblement faisant cesser tous troubles et empeschements à ce contraire. Car tel est nostre plaisir et à fin que ce soit chose stable à toujours nous avons fait mettre nostre Scel à ces dites présentes sauf en autres choses nostre droit et l'autruy en toutes. Donné à Versailles au mois de Mars mil six Cens soixante et quatorze, et de nostre siècle le trente uniesme. Signé : Louis. et sur le reply Par le Roy Phelippeaux et visa d'Aligre pour don de justice dans la terre de Saudreville accordée par le résultat du Conseil de Messieurs de Vendosme au sieur de Rotrou et plus bas est escrit Registrées, ouy à ce consentement le Procureur Général du Roy pour estre exécutées et jouir par l'impétrant de l'effet et contenu en icelles selon leur forme et teneur à la charge de rembourser préalablement les officiers d'Estampes suivant l'arrest de ce jour à Paris en parlement le dix neuf Mars mil six Cens soixante et quatorze. »

Signé : « du Tillet. »

Note 2e. — Voir page 41.

« Nicolas de Sève, chevalier, seigneur de Platteau-Marchais (en partie de Roinville), près Dourdan, et autres lieux, capitaine d'une compagnie de dragons, régiment du roi, était cousin de Michel de Chamillart, ministre secrétaire d'État au département de la guerre, et de Marie-Thérèse Chamillart, épouse de Louis comte D'Aubusson, duc de la Feuillade, pair et maréchal de France, gouverneur du Dauphiné. Le dit Nicolas de Sève était aussi parent de Gui de Sève, de Rochechouart, évêque d'Arras, et d'Alexandre de Sève, chevalier, seigneur de Chatignonville, prévôt des marchands de la ville de Paris en 1654.

« *Marguerite-Antoinette de Sève,* fille de Nicolas, après la mort de René de Rotrou, épousa Nicolas Péricart, maître des comptes, seigneur du Chesne (près Dourdan).

« C'est ainsi que Michel-Chrétien de Rotrou et sa sœur Marguerite, marquise de Rambuteau, eurent pour frères et sœurs utérins : Henry-Jérôme Péricart, maître des comptes (qui épousa Marie-Thérèse de la Corée), et Marguerite Péricart, mariée, en 1743, à Florimond Langlois de Résy, seigneur de Pommeuse, conseiller au parlement. »

Marguerite de Rézy périt sur l'échafaud en 1794 avec ses deux fils, M. de Pommeuse, conseiller de grande chambre au parlement, et M. de Résy, capitaine aux gardes françaises; avec sa nièce, madame de Saint-Germain d'Apchon, et son mari le marquis d'Apchon (cordon bleu); puis avec sa petite nièce, madame Lallemand de Biancourt (dont le mari, échappé au massacre, épousa par la suite mademoiselle de Las-Cazes); et enfin avec sa belle-mère, madame de Pommeuse (née Rolland de Chambeaudoin) qu'on eut la cruauté de faire rester au pied de l'instrument fatal, pour n'y monter que la dernière des sept!

C'est à cette affreuse circonstance, qui rendait madame Résy de Pommeuse héritière de ses enfants mourant successivement à cinq minutes de distance, que la mère de la comtesse Milon de Lernay acquit le droit de participer à la succession de cette victime.

Note 3e. — Voir page 42.

Le grand conseil a été établi par Charles VIII l'an 1492. Dans son origine, il ne connaissait que des affaires qui concernaient les finances et la guerre; mais François Ier, par sa déclaration de 1517, lui a attribué la connaissance de tous les procès concernant les archevêchés, évêchés, abbayes.

Il connaissait encore des contrariétés d'arrêts, des règlements entre juges royaux, des bénéfices consistoriaux et de tous les bénéfices qui étaient à la nomination du roi (excepté de ceux que le roi conférait en régale), des indults des cardinaux et de ceux du parlement.

Note 4e. — *Voir page 44.*

On a vu passer le nom de *Villiers* (Milon de Villiers) page 6, à propos de Thomas de Rotrou, seigneur de Marsallin, qui épousa en 1517 une dame du fief de Villiers.

Plus loin, page 9, il est dit, à l'occasion des armoiries de la famille des Rotrou, que Robert de France, fils de Louis le Gros, avait épousé la veuve de Rotrou II (comte du Perche), et l'histoire nous apprend que ce même Robert de France, qui s'était allié aux Rotrou, se maria en troisièmes noces avec la veuve de *Milon II*, comte de Bar-sur-Seine.

Une singulière similitude se remarque dans la destinée de la maison *Rotrou-d'Anjou-de-Villiers* et *celle Milon-d'Anjou-de-Villiers.* Nous trouvons dans les papiers de famille une note intéressante à ce sujet : elle fut écrite au château de Saudreville, à la date du 29 juillet 1849, et signée comte Milon de Villiers ; la voici :

« L'étude de la généalogie de la maison de Rotrou m'a fourni l'occasion de faire des rapprochements assez remarquables entre cette famille et la mienne ; en effet, après avoir eu toutes deux une origine princière, souveraine, elles ont vu s'amoindrir leurs richesses et leur haute position, par suite des guerres qui désolèrent la patrie, et toutes deux firent abandon de leurs domaines les plus importants à la couronne de France.

« C'est dans l'Anjou que, au moyen âge, les deux branches, unies à plusieurs reprises, ont donné naissance aux rameaux qui s'étendent jusqu'à nos jours ; et, après maints bouleversements sociaux, les deux lignées se sont encore rencontrées au commencement du 19e siècle, par mon mariage avec une petite fille des Rotrou. (Voir plus loin la note qui concerne l'épouse du comte Milon de Villiers).

« Chacune de ces maisons a eu dans ses annales une Eustachie qui joua un rôle important; et toutes deux aussi ont possédé une terre du nom de *Villiers*, entrée dans leurs domaines par suite d'alliance, précisément à la même époque (1).

« Catherine de Rotrou, fille de Pierre de Rotrou, lieutenant général de Dreux sous Charles IX, a épousé Eustache Amiot, attaché au palais du roi Henri III;

« Un Pierre Milon a été secrétaire intime de ce prince;

« Les frères de cette Catherine de Rotrou se distinguèrent par les services qu'ils rendirent à Henri IV dans la guerre de la Ligue;

« Un membre de la famille Milon contribua à la réconciliation de ce prince avec le duc de Mayenne;

« Simon Rotrou a épousé Anne Le Pelletier;

« Julien Milon a épousé Jeanne Le Pelletier. »

« Ces deux familles ont eu deux lignes de descendance qui pouvaient s'éteindre il y a quelques années; nous verrons si le ciel fournira à chacune les moyens de se perpétuer (2). Signé : « Comte MILON DE VILLIERS. »

Cette espérance ne devait point se réaliser (du moins quant aux Milon); celui qui la conservait encore à l'époque où il écrivait, vient de mourir le dernier de sa race.

---

(1) Commencement du XVIe siècle.

(2) Les deux dernières branches de la descendance des Milon furent : Celle des *Milon de Villiers* et celle des *Milon de Mesnes*. Cette dernière s'est éteinte dans la personne de Fortunat-Jean-Marie Milon de Mesnes chevalier de Saint-Louis, officier à l'armée de Condé, préfet à Angoulême, puis à Besançon, sous la Restauration ; marié à demoiselle Thérèse-Agathe de Nieul, il n'a eu qu'une fille, morte sans postérité.

« *L'UNION* » annonçait sa mort, toute récente, dans des termes qui méritent d'être ici reproduits :

« 8 *avril* 1868. »

« Une antique et noble famille, qui touche par ses ancêtres au berceau de la monarchie, et dont le nom s'est mêlé aux grands événements de l'histoire, vient de s'éteindre dans la personne de M. le comte Milon de Villiers, décédé à Auteuil, le 29 mars 1868, à l'âge de 90 ans.

« Ce dernier rejeton des anciens comtes d'Anjou, Montlhéry, Champagne, Tonnerre, Bar, etc., frappé dans sa fortune par les événements politiques, portait modestement le cachet des splendeurs de ses ancêtres. Il alliait dans sa personne la dignité native du gentilhomme d'un autre âge, avec la bienveillance et la simplicité d'un cœur affranchi de toutes les passions de l'orgueil et de l'ambition.

« Ami des sciences et des lettres qu'il avait cultivées avec succès, il se consolait des rigueurs de la fortune par le culte des arts et la pratique d'une obligeance, d'une charité que l'ingratitude même ne pouvait lasser.

« Il fut un des fondateurs du Prytanée des sciences et des arts, dont il partagea la présidence avec Ballanche. On lui dut une des plus remarquables réponses aux « *Paroles d'un Croyant*, » de M. de La Menais : « *Les Paroles d'un Mécréant ;* » une brochure sur l'organisation des communes, et de nombreux articles scientifiques publiés dans d'excellentes revues périodiques.

« Ayant embrassé fort jeune la carrière administrative et débuté au conseil d'Etat, il subit les tristes conséquences de nos bouleversements politiques depuis 1810 jusqu'en 1830, et resta, en dépit des plus graves difficultés, un modèle d'énergie, de zèle et de désintéressement. Plusieurs actes de dévoûment civique excitèrent la vive reconnaissance de ses administrés.

« C'est ainsi qu'après avoir risqué sa vie pour sauver du typhus les habitants de Mézières, apaisé des révoltes et préservé de la disette plusieurs arrondissements, il reçut la croix de la Légion-d'Honneur, à la demande collective de tous ses chefs de canton.

« Nous avons dit que la catastrophe de 1830 le rendit à la vie privée. Il s'était allié, par sa femme, à la famille des Rotrou. Il eut un fils, mort en bas âge, et ne conserva que des filles. L'une d'elles, la comtesse Olympe Milon de Lernay, qu'il eut dernièrement la douleur de voïr descendre avant lui dans la tombe, a laissé des œuvres remarquables, en peinture, musique et littérature (1), dont « *L'UNION* » a plusieurs fois entretenu ses lecteurs.

« Signé :

« Le Secrétaire de la rédaction,

« A. Rouyé. »

C'est ici qu'il convient de placer l'extrait d'un journal du mois de juin 1849, concernant l'épouse du comte Milon de

---

(1) Entre autres une étude de mœurs intitulée « *La Marquise de Thérange*, » qui a récemment obtenu deux médailles d'honneur.

Chez Albanel, 15, rue de Tournon.

Des œuvres lyriques d'un grand charme, chez Heugel, 2 *bis*, rue Vivienne,— chez Brandus, 103, rue Richelieu, — chez Jourdaine, 11, rue du Dauphin, etc.

Villiers : Angélique-Françoise-Magloire, fille de Geneviève-Marguerite de Rotrou, et de messire André-Jean Menjot de Dammartin (1).

« *L'UNION*. » 9 *Juin* 1849.

« Mois pour mois, presque jour pour jour, à deux siècles de distance du décès de l'illustre Jean de Rotrou, une de ses dernières nièces a entendu sonner l'heure suprême !

« L'épidémie qui décime Paris vient aussi de moissonner une femme qui fut remarquable par ses avantages extérieurs autant que par l'élévation de son esprit et les vertus de son cœur : Madame la comtesse Milon de Villiers. Épouse d'un homme qui, pendant trente années de sa vie, a occupé des fonctions honorables et rempli avec succès des missions délicates dans des circonstances graves et difficiles, elle a supporté avec calme et résignation la mauvaise fortune, qui fut la récompense du dévoûment de son mari, comme elle avait partagé avec bonheur et modestie le temps de sa prospérité. Morte dans les sentiments les plus touchants de tendresse pour sa famille et de soumission chrétienne, elle ne laisse que des filles.

« Madame de Villiers est auteur de plusieurs productions d'une saine littérature ayant toutes un but utile. Elles sont rapportées à l'article qui la concerne dans la *Biographie des Femmes contemporaines* (2). »

---

(1) Cités ci-avant, à propos des armoiries, page 8 ; page 45, à propos de la descendance de Pierre de Rotrou de Saudreville ; et dans les « Chroniques de Famille, » page 46.

(2) Par M. de Montferand.

Note 5e.

Un renvoi a été omis à la première page de nos récits, à propos du naufrage de la « *Blanche-Nef;* » nous réparons cet oubli.

Il existe plusieurs versions du fatal événement : celle que nous avons puisée dans une histoire de la Trappe, par M. de Grandmaison y Bruno, s'accorde avec les anciennes traditions conservées dans la famille de Rotrou. Au reste, tous les chroniqueurs s'entendent sur le fait de la fondation de l'église dédiée à Notre-Dame-de-la-Trappe, par Rotrou, en souvenir du naufrage où périrent sa femme et ses enfants, comme sur l'intention qui fit donner au dôme de l'édifice la forme d'un navire renversé.

UN MOT DE LA STATUE.

« Elle est due au ciseau de M. Allasseur, connu depuis longtemps déjà par son groupe original et gracieux de « *Moïse sauvé des eaux.* » L'artiste a apporté dans son œuvre cette sévérité de composition et ce soin du détail qui caractérisent son remarquable talent. Il a représenté Rotrou, dans le costume de lieutenant particulier, avec la robe serrée par une ceinture à la taille. Selon le vœu émis par la ville, la tête a dû être modelée d'après le buste de Caffieri, dont le type est pour ainsi dire consacré. Le poète est debout, dans une attitude grave ; de la main droite il indique avec un géste plein de fermeté le sol qu'il prétend ne pas quitter, tandis que sa main gauche tient ouverte la lettre où se lisent les fameuses paroles adressées à son frère (1). Derrière lui, quelques volumes posés sur un tabouret portent les titres de ses principales œuvres.

« L'avouerai-je? En voyant tous ces titres de tragédies démodées inscrits à côté des sept ou huit lignes d'une lettre désormais immortelle, on se sent frappé d'une singulière opposition.

« N'y a-t-il pas là quelque chose d'admirable? Cet homme a noirci laborieusement le papier toute sa vie; il a composé de trente-cinq à quarante pièces, rimé près de deux cents actes; il a connu un moment le succès, presque la gloire,

---

(1) Voici, d'après l'original même, une copie de la dernière lettre de Rotrou, si diversement reproduite par les publicistes :

« *Ce 8 Juin 1650.*

« Je vous ay escrit, mon frère, que la ville de Dreux estait en ce mo-
« ment ravagée par une épidémie qui ressemble assés à la peste, et que
« ce fléau me rappeloit la situation de Thebes sous le regne d'Œdipe.
« — Sur ce vous venés de me respondre en style poetique : — « Fuis,
« malheureux, fuis ces lieux empestés, fuis ce séjour affreux plein du
« courroux céleste, fuis cette ville habitée par la mort dévorante, et
« viens vers ton frère qui t'attend les bras ouverts, là tu trouveras un
« asile digne de toy. »

« Je suis bien sensible à votre response, mon cher frère, et vous
« remercie bien sincèrement de vostre bonne intention pour moy.
« Mais le salut des citoyens m'est confié; j'en réponds à la patrie. Je
« ne trahirai point l'honneur et ma conscience, je périrai à mon poste.
« — Au moment où je vous escris cette lettre, les cloches sonnent
« pour la vingt-deuxiesme personne qui est morte aujourd'hui. Ce sera
« pour moy quand il plaira à Dieu. Sur ce, je souhaite à vous tous
« santé et plaisir, et vous prie d'agréer mon amitié.

Signé : « ROTROU. »

au point que Corneille a pu dire un jour « *Monsieur de Rotrou et moi.* » Eh bien, cette gloire littéraire, qui s'en souvient aujourd'hui? Ces pièces souvent applaudies avec enthousiasme, qui s'aviserait de les relire?.. Leurs noms suffiraient à peine à le tirer de l'oubli, si, dans une heure de généreux élan, la même main qui les a écrites n'avait tracé ces quelques lignes si simples et si grandes! — Donc, ces quelques lignes sont restées quand le temps a fait justice du reste, et elles suffisent à balancer tout le bagage littéraire du poète!... C'est que la fiction, si belle qu'elle soit, est bien peu de chose auprès des poignantes réalités de la vie; c'est que l'acte d'un vaillant cœur séduira toujours plus justement la foule que les plus brillantes pages sorties d'une imagination ardente.... Touchant et profond enseignement! Le nom que Rotrou s'était fait par ses vers, c'est par son dévoûment seul qu'il l'a immortalisé (1)!........

....

« Paul PARFAIT. »

---

(1) Voir, pour le commencement et la fin de cet article, au journal *le Siècle* du 8 juillet 1867.

Ainsi qu'on a pu le remarquer, nous nous sommes appliqués à préciser par des détails ce qui concerne les principaux personnages des diverses branches de la famille des Rotrou, afin de fournir aux descendants qui regretteraient de ne pas être mentionnés le moyen de se rattacher chacun à son rameau respectif; nous introduirons avec plaisir dans une nouvelle édition les indications qui nous adviendraient sur les membres contemporains que nous ne pouvons atteindre en ce moment.

INAUGURATION

DE LA

STATUE DE ROTROU

INAUGURATION

DE LA

STATUE DE ROTROU

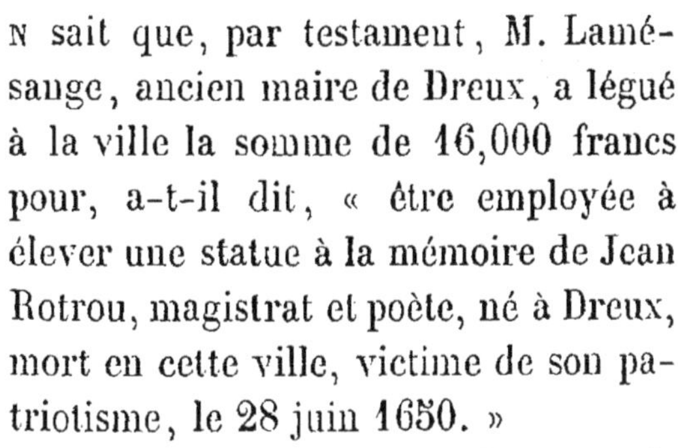

On sait que, par testament, M. Lamésange, ancien maire de Dreux, a légué à la ville la somme de 16,000 francs pour, a-t-il dit, « être employée à élever une statue à la mémoire de Jean Rotrou, magistrat et poète, né à Dreux, mort en cette ville, victime de son patriotisme, le 28 juin 1650. »

Dreux conservera longtemps le souvenir de la fête qui a eu lieu dans ses murs le 30 juin 1867, à l'occasion de l'inauguration de cette statue.

Dès la veille, une abondante distribution de pain et de viande avait été faite aux indigents et avait ainsi heureusement préludé aux splendeurs de la cérémonie, l'administration municipale ayant voulu en cela témoigner de ses propres sentiments et exécuter les généreuses intentions du testateur.

A une heure, M. le maire, à la tête du conseil municipal, escorté par la belle compagnie de pompiers de la ville, musique en tête, s'est rendu à l'hôtel de la sous-préfecture, à l'effet d'y complimenter M. le préfet et de le prier de vouloir bien présider à la cérémonie; puis, M. le préfet, accompagné de M. le sous-préfet, s'est rendu à l'Hôtel-de-Ville, et le cortége étant formé s'est dirigé vers la place Rotrou, en traversant la Grande-Rue, le carrefour de Billy et une partie de la rue Parisis, dans l'ordre suivant :

Un détachement de gendarmes à cheval;

Les détachements de pompiers des communes d'Aulnay-sous-Crécy, Charpont, Cherisy, Crécy, Garnay, Germainville et Marville-Moûtiers-Brûlé;

Les tambours de la garnison;

Une compagnie du 25e régiment d'infanterie, en bataille;

Une députation de pauvres, composée de vingt-quatre personnes portant des rameaux de chêne;

La musique municipale de Dreux;

M. le préfet, M. le sous-préfet, M. le général Lebreton, député de la deuxième circonscription d'Eure-et-Loir, et M. le maire ;

MM. de Falloux et Ernest Legouvé, membres du bureau de l'Académie française, précédés du premier huissier de l'Institut de France;

M. Edouard Thierry, administrateur général du Théâtre-Français;

M. Allasseur, auteur de la statue, et M. Janvier, architecte;

Le conseil municipal, précédé de son huissier et ayant à sa tête M. Gromard, premier adjoint (le deuxième adjoint, M. Rocque, était empêché par un deuil de famille) ;

Parmi les invités, on remarquait MM. Chasles, ancien député ; Desmousseaux de Givré, ancien préfet; Desmousseaux de Givré fils; de Bourgoing; Vingtain; major Fournier; Gressier, président du tribunal civil; Levassort, curé de Dreux; Favé, juge de paix; Tourangin, receveur des finances; d'Asbonne, ingénieur des ponts et chaussées; M l'inspecteur des écoles primaires de l'arrondissement; M. le vérificateur de l'enregistrement et des domaines; M. le receveur principal des contributions indirectes; MM. les contrôleurs des contributions directes, etc.;

MM. les officiers du 25e de ligne, en garnison à Dreux;

MM. les maires du canton de Dreux.

Le cortége était fermé par un détachement de gendarmes à pied, les quatre compagnies de pompiers de Mézières, Ouerre, Tréon et Vert, et une compagnie de la garnison en bataille.

La compagnie des pompiers de Dreux et les autres compagnies du 25e, composant la garnison, formaient une haie d'honneur et escortaient les autorités.

En arrivant sur la place Rotrou, magnifiquement décorée, les autorités et les invités faisant partie du cortége ont pris place sur l'estrade faisant face à la statue et où s'étaient déjà rendus un grand nombre de personnages de distinction appartenant au clergé, à la magistrature, aux lettres, aux sciences, à l'armée et à la bourgeoisie.

De nombreuses places avaient aussi été réservées aux dames, et l'aspect gracieux de leurs toilettes contribuait à l'embellissement de la cérémonie.

Enfin, dans le côté opposé de la place faisant face aux autorités, une estrade avait été dressée et était occupée par la Société Philharmonique, ayant à sa tête M. Desforges, son président, et chargée d'exécuter une cantate en l'honneur de Rotrou.

M. le préfet présidait cette imposante cérémonie, ayant à sa droite M. de Falloux, M. le général Lebreton, M. le sous-préfet et M. Edouard Thierry, et à sa gauche M. Legouvé, M. le maire et M. le curé.

Après une symphonie exécutée par la musique municipale de Dreux, M. le maire ouvre la séance d'inauguration par un discours dans lequel il retrace l'existence noble et un peu tourmentée de Rotrou.

Il rappelle les titres de notre illustre compatriote à l'admiration de ses contemporains et de la postérité.

L'analyse du discours de M. Mesirard serait bien froide à côté des paroles qu'il a prononcées, mais qu'il n'a point mises à notre disposition. La partie finale, la seule qu'il ait bien voulu nous abandonner, reproduisant des faits que le lecteur a déjà trouvés sur les pages précédentes, nous avons pensé devoir épargner des redites et arriver de suite au passage où M. le maire s'adressant aux autorités supérieures :

« Messieurs, dit-il, l'administration municipale actuelle est heureuse de pouvoir donner dans cette solennité un nouveau témoignage des services rendus à sa ville natale, en des temps difficiles de changements de gouvernement et de dynastie, par le dernier maire du nom de Rotrou ;

« Comme aussi de présider à l'exécution de la disposition testamentaire de M. Lamesange, concernant le monument du magistrat-poète, suivant ses intentions formellement manifestées ; car notre généreux testateur a encore dit :
« Que ce serait le comble de l'ingratitude que d'empêcher
« ou retarder l'érection de ce monument trop longtemps
« attendu. »

« Non, Lamesange, que tes mânes, qui errent autour de cette place, se rassurent! Tes concitoyens n'ont jamais eu l'intention de répudier ton legs; ils rempliront ton attente et exécuteront scrupuleusement tes volontés, quels que soient les embarras financiers de l'administration.

« Tes successeurs tiennent à honneur que la ville complète la dépense que nécessite la consécration de ce monument qui doit témoigner du patriotisme qui t'animait.

« Messieurs, en remplissant la mission qui nous est confiée, et en exprimant notre gratitude pour le don que l'Empereur nous fait, nous, les mandataires de la population, manifestons également et hautement nos sentiments de reconnaissance pour le dévoûment de Rotrou et pour le bienfait de Lamesange.

« Ce bronze l'attestera aux populations futures. »

Ce discours est accueilli par d'unanimes applaudissements.

Puis, sur un signe de M. le maire, le voile qui recouvre la statue tombe, Rotrou apparaît, et des cris d'enthousiasme saluent ses nobles traits rendus avec tant d'art et de bonheur par M. Allasseur, l'artiste habile dont cette statue est sans contredit l'un des chefs-d'œuvre.

A ce moment les vingt-quatre indigents composant la députation des pauvres s'avancent et déposent, au pied de la statue, les rameaux de chêne dont ils sont porteurs, en témoignage de reconnaissance pour les services rendus aux habitants de Dreux par l'homme illustre auquel son dévoûment coûta la vie.

M. le Préfet se lève ensuite et s'exprime en ces termes :

« Messieurs,

« Si quelque chose pouvait nous étonner dans la manifestation qui se produit aujourd'hui en faveur de Jean Rotrou, ce serait assurément le retard qu'elle a subi.

« Quiconque connaît les sympathies de la ville de Dreux pour ce nom vénéré sait qu'il ne s'agit pas seulement de célébrer la mémoire d'un poète dont la cité est fière, non pas même de consacrer le souvenir d'un noble dévoûment que l'histoire a enregistré, mais de récompenser toute une longue succession de services rendus par une famille où le courage civil fut héréditaire et qu'anima pendant deux siècles et demi le plus pur et le plus ardent patriotisme, — depuis Jean Rotrou, maire en 1561, — jusqu'à Louis-Claude Rotrou, dernier maire de ce nom. »

Ici M. le Préfet rapporte les faits honorables qui se trouvent déjà consignés ci-avant page 75 à l'article généalogique concernant le vénérable administrateur de 1812; il dit en outre que Louis-Claude par son exemple, ainsi que tous ses ancêtres, avait efficacement travaillé à élever le niveau moral de cette population, comme aussi sa prospérité matérielle, par les bienfaits d'une bonne administration.

« Nous sommes à l'aise, Messieurs, continue M. le Préfet, pour rappeler de pareils souvenirs; car l'administration actuelle n'est pas moins sympathique et, en fait de vigilance ou de dévoûment, ne saurait être dépassée.

« J'ajouterai, Messieurs, qu'elle vient d'acquérir un de ses meilleurs titres à la reconnaissance publique en élevant au plus illustre de ses concitoyens un monument depuis longtemps attendu, si j'en crois l'annonce qu'en faisait déjà M. Claye dans une chanson datée de 1838.

« Jean Rotrou, celui qui nous occupe plus particulièrement aujourd'hui, fut à la fois poète et magistrat. »

En quelques paroles M. le Préfet résume la vie pratique de Rotrou.

« Plus tard, dit-il, fidèle aux traditions de sa famille, il obtint la charge de lieutenant civil et criminel au baillage de Dreux et la remplit avec ce sentiment élevé du devoir qui formait le caractère distinctif de sa race.

« La ville de Dreux était d'ailleurs sa passion dominante, et ses amis savaient le prendre par son faible en lui en faisant l'éloge. Aussi Pierre Corneille lui écrivait-il : « On me « fait de votre ville de Dreux le récit le plus enchanteur. « J'aurais le plus grand désir d'aller vous y voir dans votre « belle famille; mais cela m'est impossible en ce mo- « ment. »

M. le Préfet donne en cet endroit un récit de la mort de Rotrou, ainsi qu'on la connaît, et il termine ainsi :

« Il mourut, en effet, de la maladie régnante le 28 juin 1650, à l'âge de 41 ans, léguant à ses concitoyens l'image d'un grand cœur aussi bien que d'un grand esprit, et résumant dans sa belle et vigoureuse figure le dévoûment de dix générations de magistrats.

« De tels exemples, Messieurs, n'ont pas besoin de commentaires. Mais il faut les rappeler souvent. Ils enseignent aux uns la reconnaissance, aux autres le devoir, à tous le respect de l'humanité et l'excellence de la vertu. »

Après ce discours vivement applaudi par l'assemblée, MM. de Falloux et Legouvé, au nom de l'Académie française, et M. Edouard Thierry, au nom de MM. les sociétaires du Théâtre-Français, ont prononcé les discours suivants :

Discours de M. de Falloux.

« Messieurs,

« Au moment où l'Europe vient admirer chez nous les merveilles évoquées de tous les points du globe, au moment où la France va récompenser le persévérant labeur de ses enfants et saluer avec une franche cordialité les chefs-d'œuvre de nos émules, vous avez écouté une bonne inspiration, en invitant vos concitoyens à une solennité purement littéraire. Ce n'est là ni une contradiction, ni même un contraste; c'est plutôt un heureux à-propos et le légitime déploiement de notre richesse nationale. Un peuple a le droit d'être fier quand il possède assez de gloire pour en couvrir tous les drapeaux, le drapeau de l'industrie comme celui de l'honneur, celui des arts comme celui des lettres. Ce n'est donc point trop de hardiesse que d'honorer la mémoire d'un vieux poète en regard de tous les spectacles contemporains. La sympathie de l'Académie française pour une telle fête ne pouvait être douteuse; la reconnaissance de ceux que vous voulez bien accueillir comme ses représentants est profonde.

« Le nom de Rotrou compte parmi les noms que le temps consacre et que la comparaison grandit. Les titres d'une nation ne se tracent pas seulement sur le parchemin; ils s'écrivent aussi sur le marbre et sur le bronze. Ses statues, ses monuments publics, doivent être le résumé populaire, la tradition toujours présente de son histoire, et, de génération en génération, un puissant appel à l'intelligence, à la vertu, au patriotisme. Rarement cet hommage aura été mieux justifié qu'aujourd'hui.

« On dirait que le génie de la France s'y est pris à deux fois pour produire l'auteur du *Cid,* et qu'il s'est essayé sur Rotrou avant de nous donner Corneille.

« Né trois ans après notre grand tragique, Rotrou fut cependant, par la précocité de son talent, le prédécesseur et l'initiateur de Corneille dans l'art de représenter les nobles passions, les caractères et les sentiments héroïques.

« Dès l'âge de dix-neuf ans, il débuta par une tragi-comédie qui obtint à l'hôtel de Bourgogne un grand succès. S'inspirant du théâtre espagnol et du théâtre grec, empruntant ses modèles, tantôt à la chevalerie, tantôt à l'antiquité, il ne trouvait à la hauteur de sa généreuse nature que les mœurs souverainement empreintes de dignité et d'indépendance. Corneille, qui suivit bientôt la même voie, l'appelait son père; en réalité, Rotrou fut tour à tour maître et disciple, et toujours ami.

« Le cardinal de Richelieu, qui d'une main contenait ou limitait l'empire d'Allemagne, savait de l'autre étendre et confirmer l'empire des lettres.

« Rotrou et Corneille furent les premiers qu'il appela dans un cercle intime et littéraire, où le ministre-roi apportait autant d'assiduité et d'attention que dans les plus importants conseils de la politique. Ni l'ambition, si près du pouvoir, ni la jalousie, si près de la rivalité, n'altérèrent jamais la touchante amitié des deux poètes.

« Racine était trop jeune pour y prendre sa part; mais Rotrou eut, du moins, cet insigne privilége que son récit du combat d'Etéocle et de Polynice (1) demeura, pendant plusieurs représentations, intercalé dans *les Frères ennemis*, de Racine, qui désespérait de le surpasser. *Venceslas* et *Saint-Genest* sont restés au théâtre. Grâce à de fidèles admirateurs, en même temps habiles interprètes, vous allez en juger tout-à-l'heure; vous allez faire revivre une de ces soirées où se plaisaient tant nos pères, et vous aurez bien opportunément consolé ce vieux répertoire français qu'applaudissait encore au commencement du siècle un parterre de rois.

« C'en serait assez, Messieurs, pour l'honneur de votre compatriote et pour l'éclat de cette journée; mais Rotrou se signala par d'autres mérites, auxquels vous n'êtes pas moins sensibles : les mérites du citoyen.

« Quelles que fussent les séductions qui pouvaient le retenir à Paris, Rotrou garda toujours au suprême degré l'affection au pays natal, et vos pères l'en récompensaient en lui confiant la première magistrature de la cité. Pour elle, il nous a privés de l'honneur de le compter, avec votre compatriote Godeau, évêque de Grasse, parmi les ancêtres de l'Académie française, l'article de nos règlements sur la résidence paraissant à sa conscience scrupuleuse incompatible avec ses fonctions à Dreux qu'il ne voulait sacrifier à aucun prix. Il se trouvait à Paris, cependant, lorsque éclata cette épidémie de fièvre pourprée qui exerça dans votre pays de si cruels ravages. Mais à la première nouvelle du danger, se dérobant aux charmes des plus illustres amitiés, aux énivrements d'une renommée encore jeune et déjà incontestée, il quitta tout et répondit simplement à ceux qui

(1) Dans *Antigone*.

voulaient l'arrêter : « Qui de vous peut me promettre une plus belle occasion de mourir? » Il revint en hâte, prompt à se dévouer, comme un homme qui aime et qui croit.

« Ce n'est pas dans un tel moment et dans de telles résolutions qu'on pouvait oublier Corneille. L'auteur de *Saint-Genest* écrit à l'auteur de *Polyeucte* combien il se félicite, prêt à paraître devant Dieu, d'avoir toujours rendu à la poésie un culte qui ne fut ni corrompu ni corrupteur (1). Puis, avec la sérénité du vrai courage, il presse, il organise, il multiplie tous les genres de secours. Sa prévoyance, son énergie, domptent le fléau et vont le faire reculer. Mais le coup qu'il détourne de ses concitoyens le frappe lui-même, et, victime volontaire, il succombe à peine âgé de 40 ans. Il succomba en digne fils de ce XVIIe siècle, où la grandeur de la mort couronnait si naturellement la grandeur de la vie. Rotrou avait dit, par la bouche d'un de ses personnages :

« Ma flamme a consumé ce qu'elle avait d'impur (2).

« Ce beau vers pourrait servir de devise à la plupart des existences de cette époque, où la jeunesse, quelle que fût l'ardeur de ses emportements, conduisait si vite à une grave maturité; où les femmes les plus brillantes abritaient, sous le voile à jamais baissé d'une austère retraite, des années encore pleines de séductions; où les hommes les plus mêlés aux agitations de leur temps n'y perdaient pas la faculté de se recueillir; où beaucoup, sans attendre les leçons de

---

(1) *Dreux ancien et Dreux nouveau*, par L.-T. Crétien, grand in-8°, p. 117.

(2) *Venceslas*, acte II, scène II.

la vieillesse, ne voulaient plus garder avec le monde d'autres liens que ceux qui ont aussi des liens avec l'éternité : l'étude et la prière. C'est là ce qui demeure un des traits caractéristiques de ce siècle, juste orgueil de l'esprit français et l'une des gloires de l'esprit humain.

« A cette époque, les écrivains plaçaient leur but, les lecteurs leur estime et presque tous leur règle, dans les plus hautes régions de l'ordre moral. Ils savaient allier, dans une harmonie dont le christianisme seul a le secret, la fierté de l'âme et l'humilité du cœur ; ils n'affranchissaient ni leur imagination ni leur vie des lois de la raison, du bon sens et du bon goût. C'est par là que ce siècle a conquis, c'est par là qu'il garde une place à part entre tous les siècles ; c'est par là que les hommes mêmes qui ont paru n'y occuper que le second rang sont élevés au premier par le suffrage d'une postérité respectueuse et reconnaissante.

« Vous avez donc fait, Messieurs, un acte de judicieux patriotisme quand, au milieu de tous les hommes distingués à qui Dreux a donné naissance, vous avez voulu honorer particulièrement Rotrou ; vous avez bien choisi votre héros et votre jour ; vous avez vous-mêmes mérité la gratitude publique en rappelant, par ce grand modèle, aux hommes de bien ce qu'ils doivent aux lettres, aux hommes de lettres ce qu'ils doivent au bien. »

Discours de M. Legouvé.

« Messieurs,

« L'Académie française, en répondant aujourd'hui à

votre appel, a obéi à un double sentiment et a voulu remplir un double devoir. C'est tout à la fois un hommage d'admiration et un hommage de regret qu'elle rend à votre illustre compatriote, et elle vient honorer en lui un des poètes qui ont le plus contribué à la gloire de la France et qui ont le plus manqué à la sienne.

« Rotrou n'appartint pas à l'Académie.

« La faute n'en est pas à elle, mais au temps où vivait Rotrou. Dreux était trop loin de Paris dans ce temps-là. Le règlement qui imposait la résidence à tous les membres de l'Académie, afin qu'ils pussent prendre part à ses travaux, empêcha seul l'auteur de *Venceslas* de s'asseoir à côté de l'auteur de *Cinna*. Aujourd'hui où, grâce au progrès de la science, la distance n'est plus l'éloignement et où l'éloignement n'est plus l'absence, l'Académie a le droit d'étendre ses choix aussi loin que s'étendent ses admirations, et, si Rotrou vivait encore, il pourrait venir se mêler à nos réunions, comme nous venons assister à l'inauguration de sa statue.

« On se plaît beaucoup aujourd'hui à élever des statues, presque autant qu'à renverser des renommées. Il n'y a guère de ville qui ne cherche et ne trouve dans les archives de son passé quelque grand homme plus ou moins oublié... même par elle, et qui n'immortalise par un monument d'airain

« Des héros dont le nom est souvent bien fragile;
« Leur statue est de bronze et leur gloire est d'argile.

« Un tel vers ne pourrait certes pas s'appliquer à Rotrou. Peu de réputations ont mieux résisté au temps, mieux triomphé des vicissitudes du goût, mieux surmonté les épreuves par où doit passer toute gloire durable. De ces épreuves, la plus redoutable, pour lui, fut la première, je veux dire le voisinage de Corneille. Corneille, en paraissant, fit pâlir toutes les illustrations qui l'entouraient; les étoiles ne s'effacent pas plus vite devant le jour que les œuvres contemporaines ne s'effacèrent devant *le Cid;* seul, le nom de Rotrou garda son prestige auprès du nom de Corneille, et l'on sait le mot fier et significatif de l'auteur de *Cinna :* « M. de Rotrou et moi, nous suffirions à faire vivre même des saltimbanques. »

« Le siècle de Louis XIII devint celui de Louis XIV. On opposa *Britannicus* à *Cinna*, *Andromaque* au *Cid*, et Corneille fut forcé de partager sa gloire. Rotrou ne perdit rien de la sienne.

« Vint le dix-huitième siècle; Racine grandit encore et sembla presque, sous la plume de Voltaire et de Vauvenargues, s'élever seul à la première place; Rotrou conserva son rang de second César, et Voltaire, en comparant *Saint-Genest* à *Polyeucte*, ne craignit pas de mettre souvent la copie au-dessus de l'original. Enfin, dans notre siècle, où la tragédie est si peu en honneur, et où les maîtres de ce grand art ont été l'objet d'un dédain si irréfléchi, le nom de Rotrou n'a jamais été prononcé qu'avec respect; on lit encore *Saint-Genest*; les artistes de la Comédie-Française que vous entendrez ce soir n'ont eu qu'à repasser leurs rôles pour représenter *Venceslas* devant vous :

« Et l'on peut dire enfin que le Temps, dont l'empire
Consacre ou raffermit ce qu'il n'a pu détruire,
Donnant place à Rotrou dans la postérité,
A transformé sa gloire en immortalité.

« D'où vient une si heureuse et si rare fortune? De ce

qu'il y a dans Rotrou deux hommes qui, réunis, font de lui un vrai grand homme; de ce que sa renommée littéraire, associée et comme attachée à sa mort héroïque, a reçu de cette mort je ne sais quel reflet d'immortelle grandeur; de ce qu'au lieu de lui élever une statue vous auriez pu lui en élever deux, la première au poète et la seconde au citoyen; de ce qu'enfin, pour tout résumer en un seul mot, Rotrou fut un vaillant! Vaillant de cœur, vaillant d'esprit, vaillant de caractère! Étudiez sa vie; partout vous y retrouverez écrit ce que ce beau mot de *vaillant* exprime de générosité d'âme et de loyauté chevaleresque.

« Au début de sa carrière, il est choisi par le cardinal de Richelieu pour travailler aux plans dramatiques de Son Éminence, avec quatre autres poètes : Colletet, l'Étoile, Bois-Robert et un dernier obscur, gauche, timide, que ses collaborateurs accablaient de dédains; Rotrou seul le défend, l'encourage, lui tend une main amie, et l'inconnu, par reconnaissance, lui demande la permission de l'appeler son père : Cet inconnu, c'était Corneille.

« Quelques années plus tard, *le Cid* paraît. Les dédaigneux de Corneille obscur deviennent les détracteurs de Corneille illustre : sa gloire excite autant de haine que son obscurité avait excité de mépris; le grand ministre ameute contre ce génie naissant sa troupe de beaux esprits; Scudéry brandit contre lui sa plume à la façon d'une lame d'épée. Seul, un poète, méprisant la colère du terrible ministre, ose prendre la défense du persécuté... C'est encore Rotrou. Il vante le rival qui l'éclipsait; il appelle tout haut son maître celui qui la veille l'appelait son père! Ainsi éclate, sous sa double forme, cette générosité native, aussi étrangère à l'envie qu'à l'amour-propre, et qui sait se pencher vers la faiblesse pour la soutenir, s'incliner devant le génie pour l'adorer.

« Vous n'attendez pas de moi, Messieurs, une analyse méthodique et détaillée des ouvrages de Rotrou. Je vois d'ailleurs à mes côtés un critique distingué à qui de longues études dramatiques, couronnées par une intelligente pratique théâtrale, ont révélé tous les secrets de la scène. C'est lui qui, mieux que personne, pourra vous définir en traits précis et fins le génie de votre illustre compatriote. Je ne veux, moi, que marquer ici en quelques mots le point par où Rotrou a mérité de vivre à côté de Corneille, c'est-à-dire le point par où il se distingue de lui, car l'originalité seule fait les talents immortels.

« Si je pouvais mettre sous vos yeux les deux admirables bustes de Corneille et de Rotrou qui figurent au foyer de la Comédie-Française, ces deux images vous diraient, mieux que toutes paroles, la différence de ces deux esprits. Corneille, avec sa figure méditative, sa tête un peu penchée, sa physionomie calme et forte, son rabat tout uni, ses cheveux rares et recouverts d'une calotte de bénédictin, vous représente le génie sévère, puissant, contenu et pauvre. Rotrou, avec sa chevelure à grandes ondes, sa moustache relevée, ses narines gonflées, sa mine fière et ouverte, son œil plein d'éclairs, sa tête haute sans orgueil et la broderie élégante de son col, Rotrou, dis-je, vous exprime ce que j'oserai appeler le génie gentilhomme; c'est-à-dire quelque chose de libre, d'heureux, de spontané, d'abondant, d'audacieux. Tel portrait, telles œuvres. Rotrou a imité Corneille, il est vrai, mais personne ne l'a proclamé plus haut que lui! C'est encore là un des traits caractéristiques de cette loyale nature. Il ne manque pas, dans les lettres, de gens qui imitent leurs contemporains et qui même les pillent; mais, semblables aux habiles larrons, ils démarquent les objets dérobés pour faire perdre la trace des vrais propriétaires. Rotrou, loin de déguiser ses emprunts, les signale le premier; loin de renier son maître, il le loue dans la pièce même où il l'imite, et je ne sais rien de plus honorable dans l'histoire des lettres que ces quelques vers de *Saint-Genest* où le poète, par un touchant anachronisme, fait le portrait de l'auteur de *Cinna* et de *Pompée* sous les traits d'un célèbre auteur romain. Mais, dans cette pièce même, évidemment inspirée par *Polyeucte*, comme l'imitateur devient soudainement original ! Comme il s'élance vite, je ne dis pas au-dessus de son maître, mais loin de lui !

« *Polyeucte*, malgré ses admirables familiarités de langage et ses audaces d'analyse psychologique, demeure dans le cercle sévère et volontairement restreint du poème tragique. L'œuvre de Rotrou entre en plein dans le champ illimité du drame. Il embrasse tous les contrastes de la vie et des conditions humaines. On sent comme un souffle de Shakespeare dans cette pièce étrange où les comédiens se mêlent aux empereurs, les martyrs aux coquettes de théâtre, et le tableau des coulisses de la scène à la peinture des coulisses de palais. Il faut traverser tout le dix-septième siècle, tout le dix-huitième, et arriver aux innovations de notre temps, pour trouver un pendant à cette œuvre singulière : *Marion Delorme*, avec son assemblage de grands seigneurs, de rois et de comédiens ambulants, semble parfois la rappeler, et il est tel passage de *Saint-Genest* qui, par l'originalité du coloris et l'audace de l'image, dépasse ou, pour mieux dire, passe par-dessus la langue même de Corneille et vient se rattacher aux plus heureuses hardiesses de notre époque. Ces quatre vers :

J'ai vu des enfants tendre une gorge assurée
A la sanglante mort qu'ils voyaient préparée
Et tomber sous le coup d'un trépas glorieux
Ces fruits à peine éclos déjà mûrs pour les cieux ;

ces vers admirables ne semblent-ils pas éclos eux aussi sur les lèvres de la muse moderne? Si Rotrou vit encore, c'est que cet imitateur fut un précurseur, c'est que son génie est à la fois contemporain de Corneille et de l'auteur d'*Hernani*.

« Un autre trait caractéristique du talent de Rotrou, c'est l'accent qu'il a donné à la passion. La passion dans Corneille n'apparaît jamais, même dans *le Cid*, qu'en lutte avec le devoir : de là son caractère élevé, mais de là aussi sa contrainte, sa réserve un peu froide, quelquefois même sa subtilité mêlée çà et là de déclamation. Chez Rotrou, elle éclate dans toute sa fougue, dans tout son emportement, dans toute son égoïste et insatiable ardeur. Moins élégante et moins délicate que chez Racine, moins sobre, moins précise dans son expression, elle est plus abondante, plus impétueuse, plus oublieuse de tout, excepté d'elle-même. Il faut remonter dans l'antiquité aux incomparables élégies de Properce et de Catulle; il faut dans le monde moderne se redire les âpres accents de Régnier ou les désespoirs les plus fougueux de nos drames pour retrouver les déchirants transports d'amour de Ladislas; et les jalouses douleurs d'Orantée, pleurant sur le seuil de la porte de *Laure* sans pouvoir se défendre ni de l'adorer ni de la maudire, semblent souvent un écho anticipé des admirables plaintes du chantre des *Nuits !*

« En vérité, Messieurs, quand on pense que l'homme de qui sont partis ces cris de passion, toute terrestre et toute humaine, est le même qui, se transformant tout-à-coup en stoïque, vint mourir esclave du devoir, à son poste d'honneur et de danger, on ne peut s'empêcher de saluer en lui, non-seulement l'élève du génie de Corneille, mais l'élève de ses héros ! Les accents de Cinna et d'Horace ont fait écho ailleurs et plus loin que dans l'esprit de Rotrou ; ils ont passé dans son âme ! Par ce côté du moins, il s'élève au-dessus de son maître lui-même, car, si Corneille est Romain, ce n'est que quand il écrit ; Rotrou fait plus, c'est en Romain qu'il meurt.

« Aussi, je ne crains pas de le dire, l'Académie française ne représente pas seulement ici les lettres françaises : elle revendique un plus beau rôle, elle vient comme mandataire d'une plus noble cause. La libéralité de l'homme de bien qui nous a chargés de juger et de récompenser les actions vertueuses nous permet, disons mieux, nous ordonne de déposer aux pieds de cette statue une autre couronne encore que la couronne poétique, car nos suffrages appartiennent deux fois à Rotrou : ils sont à lui par droit de génie et par droit de vertu. »

Discours de M. Édouard Thierry.

Mesdames et Messieurs,

« Que me reste-t-il après ce que vous venez d'entendre ?

Que vous dirai-je qui n'ait déjà été dit avec plus de grâce et plus d'autorité, soit par le digne concitoyen de Rotrou qui lui succède, entouré d'une juste vénération, dans l'ordre de la magistrature civile, soit par les deux orateurs éminents que le sénat des lettres a délégués auprès de cette statue, pour apporter à l'illustre mort ce qu'une fin prématurée lui a seule envié de son vivant, les suffrages de l'Académie française ?

« Ce que j'ajouterai ne peut être qu'un écho affaibli de cette parole aimée, de cette noble et supérieure éloquence. Mais quoi ? La louange qui se répète d'écho en écho, n'est-ce pas la renommée ? Et, debout devant cette sympathique image, legs généreux d'une admiration pieuse, ai-je le droit de refuser à Rotrou d'être le plus humble de ces échos dont se fait une gloire immortelle ?

« D'ailleurs, Messieurs, la Comédie-Française est particulièrement obligée envers le poète qui, dédiant au roi sa seconde pièce imprimée, *la Bague de l'Oubli*, a pu se rendre ce témoignage à lui-même :

« Sire, puisque enfin la comédie est en un point où les plus honnêtes recréations ne lui peuvent plus causer d'envie, où elle se peut vanter d'être la passion de toute la France et le divertissement même de Votre Majesté, je ne trouve plus de honte à paraître et je fais gloire d'avoir aidé à la rendre belle comme elle est. »

« La postérité ne l'en a point dédit. Aider à rendre la comédie belle comme elle est, comme elle devint après *le Cid*, comme elle devint après *le Menteur*, après *Andromaque* et *le Misanthrope*, ce fut le rôle de Rotrou; et, tandis qu'il croyait modestement n'avoir eu que sa part dans l'œuvre commune, la mémoire publique, le mettant à part, l'a regardé seul comme un précurseur, le précurseur du grand Corneille.

« L'auteur de *l'Hypocondriaque* n'a pourtant précédé que d'un an l'auteur de *Mélite,* ou plutôt la première pièce connue de Rotrou n'a précédé que d'un an le début de Pierre Corneille; mais le théâtre, à la veille du *Cid* et jusqu'à Molière même, n'a pas encore d'histoire certaine. A quel moment commence Rotrou? Qui le sait? Est-ce en 1628? Est-ce avec *l'Hypocondriaque?* Mais deux ans plus tard, dans la préface de *Cléagenor et Doristée*, qui passe pour le troisième de ses ouvrages, il appelle cette comédie la cadette de trente sœurs prêtes à la suivre, c'est-à-dire à risquer, selon le succès de celle-ci, l'épreuve de la lecture.

« Quelles étaient donc ces trente sœurs? Qui en a recueilli les titres? Où ont-elles été représentées? A Paris ou dans la province? Le poète les avait-il signées de son nom? Questions sans réponse : seulement, s'il était vrai qu'en 1630 Rotrou eut déjà donné trente pièces aux comédiens, on serait induit à conclure qu'il jouissait d'une certaine renommée, qu'il eût peut-être l'occasion de s'employer auprès de Mondory en faveur du jeune avocat normand qui venait de composer sa *Mélite;* dans tous les cas, on comprendrait mieux que Corneille, malgré sa supériorité d'âge, se soit toujours plu à l'appeler son maître et son père.

« Trente pièces pour un poète de vingt-six ans, et sans doute trente pièces en cinq actes (les beaux esprits du temps n'en faisaient pas d'autres)! Le nombre paraît d'abord excessif, et cependant il n'a rien qui doive nous rendre incrédules. Alexandre Hardy, qui venait de mourir, n'en avait-il pas fait près de six cents, toutes en vers et toutes dans la mesure des cinq actes consacrés par Jodelle?

« Quand on parle du théâtre, j'entends de ses conditions d'existence, jusqu'à la seconde moitié, pour ne pas dire jusqu'à la fin du dix-septième siècle, il faut commencer par oublier le théâtre de nos jours : ces édifices qui comptent parmi les élégances architecturales du Paris moderne, cette fête préparée chaque soir pour les oreilles et pour les yeux dans tant de salles éclatantes de lumières, cette affluence quotidienne, cent fois, deux cents fois renouvelée devant le même spectacle, cette force régulièrement constituée de la critique, cette famille des auteurs arrivée au chiffre d'une légion, cette émulation, cet effort pour sortir de pair, pour relever l'art s'il est possible jusqu'au sommet où l'a porté, par un rare bonheur des temps, tout un siècle fécond en chefs-d'œuvre.

« A l'époque où nous remontons ici par la pensée, les chefs-d'œuvre vont venir; on en sent déjà le parfum comme celui de la sève au printemps ; mais ils ne sont pas encore venus.

« Né du hasard et de l'aventure, le théâtre vit toujours à peu près au hasard. L'antique charriot de Thespis est devenu la charrette du roman comique. Le comédien est resté nomade. Plus de troupes foraines que de troupes sédentaires, et les troupes sédentaires ne diffèrent pas des autres par leurs coutumes. Les représentations se donnent quand on peut. On annonce le spectacle avec un tambour qui attroupe les enfants au coin des rues et un Arlequin qui suit le tambour. Si les curieux ne répondent pas suffisamment à l'appel, on dit grand merci aux quelques bonnes gens qui se sont dérangés, et on les remet au lendemain ou à huitaine; si l'assistance paraît devoir être honnête ou peu s'en faut, on allume les chandelles et le spectacle commence. Les comédiens souperont ce jour-là, car, après chaque représentation, la recette se monte sur le théâtre et le portier de la comédie en fait immédiatement le partage.

« Quant à la salle, faute de celle de l'hôtel de Bourgogne ou du Marais, il n'est pas malaisé d'en trouver une. On loue le premier jeu de paume, on dresse au fond un plancher élevé sur des tréteaux et naïvement pourvu de deux échelles latérales par où les acteurs descendent à leur gré dans le parterre, pour s'y montrer en costumes avant la représentation. Le pourtour et les galeries existent. C'est la disposition naturelle du lieu. On n'enlève même pas les grands filets de cordes destinés à garantir les curieux du choc de quelque balle perdue, et dont le souvenir se reproduit dans le treillage de nos loges grillées.

« Sur l'estrade, les gens du bel air, qui ont le privilége d'être assis, manœuvrent leurs chaises comme il leur plaît, masquent le spectacle aux petites gens du parterre, se lèvent pendant la représentation, retiennent les comédiennes derrière le théâtre, causent bruyamment et obligent le comédien qui joue à interrompre son désespoir ou ses fureurs pour réclamer le silence.

« Je n'ai rien dit de trop. Voilà le point de départ du théâtre futur; mais ce point de départ est aussi la fin du vieux théâtre. Ce qui semble commencer est ce qui disparaît et sera longtemps à disparaître.

« A côté de toutes ces misères qui continuent le passé, il y a une chose remarquable : c'est que l'art des comédiens a pris les devants sur celui des auteurs et que la plupart d'entre eux sont bien supérieurs à leurs rôles. Tragédiens d'aujourd'hui greffés sur des bouffons d'hier, ils tiennent encore par leurs habitudes à la tribu des histrions forains, tandis que leurs inspirations sont déjà à la hauteur de cet art idéal que réalisera bientôt la merveille du *Cid* en attendant celle d'*Andromaque*.

« Les chefs-d'œuvre leur manquent; mais ils n'en ont pas besoin. Ce sont eux qui font les chefs-d'œuvre. La pièce qu'ils jouent vaut tout ce que vaut leur talent. Ils ne demandent qu'à pouvoir renouveler promptement l'annonce de leur spectacle. C'est pour cela que l'inépuisable Hardy leur allait si bien. Attaché à une troupe de campagne, il la suivait en qualité de poète ordinaire et fournissait six pièces par mois à ses compagnons d'aventure.

« Rotrou prit-il d'abord un pareil engagement? On l'a conjecturé, d'après un mot équivoque de Chapelain, à qui le comte de Fiesque venait de présenter le jeune poète, en 1632, comme M. Vitart lui présenta Racine, en 1660, et qui écrivait à M. Godeau, leur ami commun : « Quel dommage qu'un garçon de si beau naturel ait pris une servitude si honteuse ! » Honteuse servitude, voilà le mot. Mais quel sens lui prêtera-t-on? Il y a plus d'une servitude honteuse et volontaire pour la jeunesse. Le mot du poète Gaillard laisse moins de doute :

« .... Corneille est excellent, »

« Dit-il dans sa burlesque *Monomachie*,

« Corneille est excellent, mais *il vend ses ouvrages;*
« Rotrou fait bien des vers, mais il est *poète à gages.* »

« Pardonne, ô bronze du magistrat et du martyr, si je rappelle devant toi ces petites indignités du temps dont une mémoire illustre se dégage après deux siècles pour prendre possession de sa gloire sans tache ! Mais ne sied-t-il pas aussi de montrer par quels chemins vous avez passé, vous, les pères du théâtre, et à quel prix vous avez préparé les meilleurs destins de vos successeurs?

« Vous étiez jeunes, et l'art auquel allait se vouer votre vie, l'art lui-même était jeune comme vous. Tout était jeune alors. Le souffle qui passait sur le siècle adolescent était un souffle de liberté, de plaisir et d'aventure. Cette irrésistible inquiétude de l'hirondelle et du voyageur, qui avait poussé Jacques Callot, votre aîné, sur le chemin de l'Italie, et qui allait entraîner Molière aux deux bouts de la France, vous sollicitait aussi de changer d'horizon, de vous plonger dans le grand air, d'être poètes à travers champs, de courir et de voir, fût-ce parmi des bohémiens, fût-ce à la suite d'une caravane comique.

« Callot avait douze ans quand il se dit que tout chemin menait à Rome et qu'il n'y avait qu'à marcher pour aller loin devant soi. Rotrou n'avait pas quinze ans, suivant la tradition, quand la lecture de *Sophocle* frappa son imagination précoce et qu'il se promit, à son tour, de mettre des héros parlants sur la scène.

« J'adopte volontiers la tradition. Elle ressemble à Rotrou, pour qui tout fut aisé, même d'être héroïque, à l'égal de ses héros, et de rencontrer une mort admirable, ainsi qu'il eût fait un beau vers.

« Je me le représente bien comme un enfant de génie, qui a parcouru en se jouant le cercle de ses humanités et qui n'a pas besoin de mettre un intervalle entre l'écolier et le poète, entre le temps d'étudier et celui de produire.

« Ce n'est pas tout encore. Si nous prenons cet âge de

quinze ans comme la date des premiers essais de Rotrou, comme le moment où, sans vouloir joûter avec Sophocle, il n'aurait eu d'autre ambition que de s'associer comme Hardy à une troupe de comédiens pour leur fournir de ces ébauches improvisées dont Mlle Beaupré disait plus tard : « Nous avions ci-devant des pièces de théâtre pour trois écus, que l'on nous faisait en une nuit. On y était accoutumé et nous y gagnions beaucoup. » N'aurions-nous pas là l'explication de la place de ces vingt-neuf comédies inconnues qui précédèrent la publication de *Cléagénor et Doristhée ?*

« En dernier lieu, puisque le champ des suppositions est ouvert, n'aurions-nous pas aussi la place de ces faiblesses que nous révèlent ses *Stances à son ami M...*, et qui lui font pousser vers Dieu un cri si étrangement désespéré pour un poète de vingt ans !

Mais que le souvenir de ces jours criminels,
En l'état où je suis, m'offense la mémoire !
Que le ciel me devait de tourments éternels
Quand il me vit l'âme si noire !
Mon Dieu ! que ta bonté rend mon esprit confus !
Qu'avecque raison je t'adore !
Et combien l'enfer en dévore
Qui sont meilleurs que je ne fus ? (1)

(1) Ce gémissement d'une belle âme oppressée par les souvenirs d'une conscience délicate était ici l'indice de cette complète conversion dans les conditions de laquelle il devait à la fin de sa vie cueillir bien des fleurs de son imagination et puiser les vives inspirations d'un cœur aussi généreux que pur.

Un auteur rapporte que Rotrou était lié d'amitié avec l'évêque de Grasse (M. Godeau, son compatriote (*a*). Ce prélat lui disait « qu'il lui

(*a*) Né à Dreux en 1606, son père lieutenant des eaux et forests de cette ville.

« Mais enfin les vingt ans de Rotrou ont sonné. A travers les essais, à travers les erreurs qui sont déjà derrière lui, ce *beau naturel*, que Chapelain reconnut tout de suite, s'est heureusement développé; il donne sa première fleur qui durera plus d'un jour et son premier ouvrage qui nous parviendra imprimé.

« Cet ouvrage, on s'en souvient, c'est *l'Hypocondriaque ou le Mort amoureux*. Le jeune auteur l'appelle tragi-comédie. Tragi-comédie, soit, si l'on convient d'entendre par là une suite de dialogues qui ne forment pas de scènes et d'épisodes qui ne forment pas une action. Mais ces dialogues ont une grâce et un tour délicat qui se présentent pour la première fois au public. Le vers est souple, posé, harmonieux; la rime riche, la langue nette, élégante et naturelle. Il est bien permis de reconnaître deux races dans les esprits, surtout quand il s'agit des hommes du dix-septième siècle. A côté de Mayret, à côté de Gombaud, ces prédécesseurs de Rotrou, que je ne dédaigne pas, Dieu merci ! mais qui

---

donnait quelques années pour s'exercer avec les muses ; après quoi il lui conseillait de s'attacher à des œuvres de piété où il croyait qu'il réussirait bien. »

L'heure vint où ce conseil acquit son influence « et confirma Rotrou dans le désir qu'il avait de penser sérieusement à la principale affaire. »

On dit qu'il s'y appliqua si bien que plus d'un an avant sa mort il passait deux heures chaque jour à méditer avec attention sur les grandeurs de la religion. « Il vivait dans un siècle où le savoir n'était pas une cause d'incrédulité et le talent un motif de licence! Rotrou était donc simplement et modestement chrétien sincère; aussi, dès qu'il se sentît atteint du mal redoutable dont il était venu soulager ses concitoyens, il demanda le viatique et l'extrême-onction qu'il reçut avec piété, comme il recevait la mort avec résignation. »

sont des talents de roture, dès que Rotrou s'annonce, on sent le poète gentilhomme, et c'est le caractère qu'il gardera toute sa vie.

« Gentilhomme, il l'est dans l'allure et la noblesse de sa poésie; il l'est dans la noblesse de son caractère.

« A peine s'est-il produit comme un auteur qui va prendre le premier rang, à peine a-t-il donné *la Bague de l'Oubli,* qui est déjà une pièce véritable (Legrand en tirera son *Roi de Cocagne*), une pièce amusante, intéressante et toujours d'une supérieure distinction, voici venir un poète nouveau dont le coup d'essai n'est pas encore *le Cid,* mais est déjà *Mélite,* un autre esprit charmant qui badine et cajole avec tout l'agrément de la cour, avec de merveilleuses ressources d'enjouement et de finesse. Il y a là un poète de même race et un maître. De telles surprises sont toujours douloureuses. Le coup en va au cœur, et rien ne dit que Rotrou n'ait pas été effleuré là; mais, s'il sentit d'abord quelque secret mouvement de jalousie, sa générosité le condamna bien vite et il trouva le sûr moyen de ne pas envier son rival : ce fut de l'aimer.

« Désormais le terrible « moi ! » de Médée pouvait retentir sur la scène. Rodrigue pouvait défier le comte et jeter ce cri du jeune siècle, avec lequel le duc d'Enghien chargera les vieilles bandes espagnoles à Rocroy :

> Je suis jeune, il est vrai ; mais aux âmes bien nées
> La valeur n'attend pas le nombre des années.

« Rotrou avait mis son âme hors d'atteinte, en se faisant sa gloire de celle de son ami. Au lieu de perdre le premier rang, il le donnait lui-même ; et Corneille, par un admirable échange, ne l'acceptait en quelque sorte que pour le lui garder.

« L'auteur d'*Horace* et du *Menteur* se plaisait toujours à s'incliner devant Rotrou comme devant un maître, et, si c'était là le touchant procédé du vainqueur qui console le vaincu, ce n'était pas non plus une délicatesse qui passât la mesure. Un maître, Rotrou en était toujours un. En même temps que Corneille donnait *le Cid,* Rotrou donnait les *Deux Sosies,* où Molière a largement emprunté pour son *Amphytrion* comme on emprunte aux riches, et vous verrez ce soir si le monologue de Junon, qui sert de prologue aux *Deux Sosies*, n'est pas un des morceaux les plus éloquents, les plus passionnés, que la muse tragique ait jamais déclamés de sa bouche de bronze.

« Entre *le Cid* et *Horace*, Rotrou donnait *Antigone,* dont Racine, si sobre de louanges, a écrit qu'elle « était remplie de quantité de beaux endroits, » comptant sans doute parmi ces beaux endroits les deux récits entiers qu'il avait d'abord fait entrer dans sa *Thébaïde.*

« L'année de *Polyeucte,* Rotrou donnait *Iphigénie en Aulide*, qui était digne de prêter encore à Racine, mais qui n'eut pas le même honneur et ne prêta qu'à Leclerc, escorté de son ami Coras, sans pouvoir les préserver d'un immortel ridicule.

« L'année de *Théodore,* il donnait *la Sœur,* que Molière, déjà comédien, joua peut-être d'original sur l'Illustre-Théâtre, mais qu'il joua certainement dans la province et qu'il reprit au Palais-Royal, qu'il représenta même au Louvre, en octobre 1662, — *la Sœur*, — dont il a si bien étudié le style, l'exposition, le mouvement de scène, l'invention et le détail qu'il l'a fait passer presque tout entière dans *l'Étourdi*, *les Fourberies de Scapin* et dans *le Bourgeois gentilhomme*.

« Excusez-moi, Messieurs; je me laisse arrêter trop longtemps par ces curiosités de l'histoire littéraire, dont l'attrait m'a toujours séduit, et dont la place serait mieux ailleurs; mais comment peut-on rencontrer les deux noms réunis de Molière et de Rotrou, sans se demander quelles relations ont existé entre ces deux grands hommes?

« Ces relations avaient échappé jusqu'ici. Quoi de plus simple? Rotrou mort le 28 juin 1650, la troupe de Molière commençant au Louvre, devant le roi, le 24 octobre 1658, par *Nicomède* et *le Docteur amoureux*, il y avait là un intervalle de huit années, pendant lesquelles Rotrou n'était plus et Molière ne semblait pas être encore. Mais, si Rotrou n'a pas connu Molière dans sa gloire de poète comique, il l'a connu du moins dans son stage de comédien. Il l'a connu! La preuve existe. Je l'ai touchée de mes mains. Elle appartient à M. Chasles, au savant créateur de la *Géométrie nouvelle,* mathématicien, votre compatriote aussi, à qui la ville de Dreux doit une relique inappréciable de Rotrou, et qui a bien voulu communiquer à la Comédie-Française une autre relique non moins vénérable pour elle.

« Cette relique est une brochure de *la Bague de l'Oubli*.

« Sur la première page, entre les lignes du titre, Rotrou (le désavoueras-tu? Non. N'es-ce pas, ô bronze vénéré?), Rotrou a écrit de sa main :

« *Donné à M. J.-B. Poquelin par son amy Rotrou.* »

« Et au-dessous une autre main, celle de Molière peut-être, a ajouté (mes yeux s'en troublent encore d'émotion) :

« *Ex libris J.-B.-P. Molière.* »

« Attendez! car c'est le propre des reliques de susciter des incrédules et d'éveiller la défiance par l'excès même de la vénération ; s'il est besoin d'un nouveau témoignage, en voici un que le plus ingénieux et le plus laborieux investigateur du grand siècle littéraire, M. Ed. Fournier, a découvert, imprimé en tête de l'*Hercule mourant*, où plusieurs l'ont négligé, où lui seul a su le lire : c'est ce quatrain adressé par la comédienne Madeleine Béjard à M. de Rotrou sur le succès de sa pièce :

Ton *Hercule mourant* va te rendre immortel ;
Au ciel comme en la terre, il publiera ta gloire,
Et laissant ici bas un temple à ta mémoire,
Son bûcher servira pour te faire un autel.

« Ainsi, en 1636, — c'est la date du volume, — Madeleine Béjard était déjà liée avec Rotrou, dont elle avait probablement joué quelque rôle, et l'on sait que le jeune Poquelin quitta la maison paternelle pour suivre Madeleine. Une fois entré dans cette famille des Béjart, Molière n'en eut plus d'autre. A quelque moment qu'il y soit entré, il se trouve associé avec eux en 1643, pour l'exploitation de l'Illustre-Théâtre. Or, l'Illustre-Théâtre, transporté du faubourg-Saint-Germain au port Saint-Paul, vivait mal, mais vivait encore en 1645, et, quand j'ai dit que Molière avait peut-être représenté *la Sœur* à son origine, j'ai hasardé une conjecture qui n'a pour elle que de simples probabilités, mais que ne dément aucune certitude.

« *Théodore* tomba. *La Sœur* a vécu jusque dans le dernier siècle. Nous touchons au moment où l'astre de Corneille va pâlir par degrès, où l'étoile de Rotrou semble grandir, moins perdue dans la lumière voisine, et se prend à grandir en effet.

« Jusque-là une sorte de nonchalance a tout-à-coup arrêté l'élan de ce grand esprit, qui se portait si naturellement vers la gloire. Depuis *le Cid*, il a presque mis son orgueil à n'être que le second.

« Tandis que Corneille, attentif, inquiet, prête l'oreille à ceux qui parlent d'un autre théâtre et de règles oubliées ; tandis qu'il s'efforce de retrouver l'art ancien pour créer un art nouveau et s'emparer de l'avenir; Rotrou se défend presque de le suivre dans cette conquête. Il a ses douces habitudes avec le passé. Quand il ne traduit pas Euripide et Sophocle, dont la physionomie lui échappe, Sénèque, avec lequel il grandit, Plaute, dont son esprit est le frère jumeau, le Menechme charmant et moderne, sa plume, qui va d'elle-même, retourne au romanesque, où elle se plaît, aux personnages de fantaisie, à l'intrigue familière, invraisemblable et prévue.

« A son insu, toutefois, la maturité vient le surprendre. La famille régulière qui l'entoure, des enfants qui s'élèvent, de nobles fonctions sérieusement acceptées, sérieusement remplies, consomment en lui et achèvent l'honnête homme qui achève le poète.

« Lieutenant particulier au baillage de Dreux, assesseur criminel et commissaire examinateur au comté, il se fait dans son œuvre de théâtre une seconde magistrature. Il y siége tel que le voici, tel qu'un statuaire, un penseur, l'a si bien représenté : poète en robe noire, juge avec cette belle tête fine, élégante, inspirée, dont Caffieri a fixé le modèle et qui est devenue l'image authentique de Rotrou, parce qu'elle est le portrait de son génie.

« Il écrit *Saint-Genest*, dont l'invention, qui lui appartient tout entière, n'a pas encore été surpassée depuis deux siècles par aucune invention dramatique et dont il a trouvé le saint enthousiasme dans sa piété profonde.

« Il met sur la scène *Venceslas,* le père obligé de condamner son fils coupable et qui abdique, ne pouvant se réduire à le condamner ni à l'absoudre ; Siroës, obligé de condamner son père Cosroës et tombant aux pieds du vieillard enchaîné pour lui rendre la couronne ; don Philippe d'Aragon, qui, récompensant don Lope de Cardonne et le châtiant à la fois, donne au héros la main de sa fille, parce qu'il a vaincu les Maures, et, parce qu'il s'est battu en combat singulier, envoie aussitôt son gendre au supplice.

« Que d'œuvres supérieures promettaient ces quatre chefs-d'œuvre de Rotrou! Et, quand on pense qu'il n'avait encore que quarante et un ans! Qu'il avait déjà donné à Molière, non seulement la langue de *Don Garcie de Navarre,* mais celle de *l'Étourdi*, que dis-je? la langue même du *Misanthrope,* puisqu'elle sort de *Don Garcie!* Quand on pense qu'il a également donné à Racine la langue de sa *Thébaïde* et de son *Alexandre le Grand,* d'où sortira celle d'*Andromaque;* que dix-sept ans plus tard il eût vu *Andromaque* elle-même, et qu'il était prêt à entrer dans cette voie d'un théâtre plus ardent, plus humain, et qu'il aurait aimé Racine comme il avait aimé Corneille, si Racine se fût laissé aimer!... O mort! j'ai failli accuser tes rigueurs! Et cependant qui peut te condamner sans s'élever contre l'ordre divin, contre le plan mystérieux dont tu n'es que l'instrument aveugle et taciturne? D'ailleurs, est-ce bien ici qu'il convient de te trouver cruelle? Si je te nomme de ton nom odieux, tu répondras que tu t'appelles aussi la gloire et que tu commences la seconde vie. Celui qui est tombé là sous ta main se relève bronze et statue. Celui que tu frappais il y a deux cent dix-sept ans est devenu immortel.

« Les années ont passé et n'ont fait que prouver la force de son œuvre. Elle dure, elle ne périra pas.

« Ce soir, nous essaierons de dire *Venceslas*, non pas sans doute dans son entier développement ; l'heure limitée, le cadre étroit ne l'auraient pas permis ; mais du moins, si nous avons retranché quelque chose, nous n'avons rien défiguré. Nous avons touché d'une main pieuse à ce chef-d'œuvre, qui fut aussi, pour Baron, l'occasion de laisser sa vie sur le champ d'honneur et de mourir où Molière, son père adoptif, lui avait donné l'exemple de succomber sur la scène.

« Nous avons respecté cette forte et généreuse langue de Rotrou que Lekain a défendue contre Marmontel et qui n'a plus besoin d'être défendue contre personne. C'est elle que nous parlerons avec respect, avec amour, en songeant que nous la parlons si près de cette image. La statue du poète sur son piédestal, et *Venceslas*, à deux pas, sur la scène ; l'une dira comment il a mérité l'autre et attestera qu'il l'a bien méritée.

« Entre donc, ô poète ! entre, ô grand homme de bien, dans la sérénité de ta gloire immortelle ! L'heure est propice. Voici que les princes de la terre se sont mis en marche, ceux de l'orient comme ceux du septentrion, pour assister au triomphe du travail, de l'intelligence et de l'industrie. C'est la fête du monde moderne. Mais la pensée souveraine qui le dirige dans les voies nouvelles ne veut pas non plus qu'il oublie la suite de la tradition des siècles antérieurs. Sa puissante impulsion fait sortir du sol les grandes figures du passé. La France se peuple de bustes et de statues comme les cités antiques. Chaque ville a ses demi-dieux, ses grandes gloires et ses gloires mineures. Lève le front, ô poète! et regarde avec orgueil autour de toi, car tu es une des grandes gloires qu'honorera de tous côtés par la fonte ou par le marbre cette immense glorification du talent, signe providentiel de l'ère impériale. »

Ces discours, fréquemment interrompus par des bravos, sont couverts d'applaudissements prolongés.

La Société philharmonique a ensuite exécuté la cantate suivante spécialement composée pour cette solennelle circonstance par M. Lhabitant, pour les paroles, et par M. Desforges, pour la musique :

Noble fils de notre cité,
Roi par le cœur et le génie,
Rotrou! que ton nom respecté
Sur les ailes de l'harmonie
S'élève à la sphère infinie
Où règne l'immortalité!

Ce nom que la France révère
A l'égal des plus triomphants,
L'enfant l'apprendra de son père
Pour le redire à ses enfants.
Tu vivras dans notre mémoire,
Dépôt sacré, cher souvenir.
Si du passé tu fus la gloire,
Sois l'exemple de l'avenir.

Noble fils, etc.

Quel bruit soudain s'est répandu?
Pourquoi ces cris et ces alarmes?
D'où viennent ces femmes en larmes?
Où court tout ce peuple éperdu?

Le ciel est sourd à notre plainte;
Par le sort nos maux sont comblés.
La mort, hélas! dans cette enceinte,
Frappe, frappe à coups redoublés!

Noble fils, etc.

Mais j'entends un chant d'espérance :
Un sauveur descend parmi nous.
Le mal fuit devant sa présence.
A Dieu rendons grâce à genoux.
Dès qu'il a connu nos misères,
Rotrou, prompt à nous secourir,
Du fléau bravant les colères,
Revient nous sauver ou mourir.

Noble fils, etc.

Hélas! quelle illustre victime
Racheta ce peuple abattu!
Rotrou, ton dévoûment sublime
Dépassa l'humaine vertu.
Sans regret tu donnas ta vie
Et, comme un ange radieux,
Quand ton œuvre fût accomplie,
Tu repris le chemin des cieux.

Noble fils, etc.

L'effet de cette cantate a été puissant : chanteurs et instrumentistes se sont surpassés par une exécution irréprochable de l'œuvre vraiment magistrale qu'ils avaient à interpréter et dont l'élévation poétique, parfaitement en harmonie avec les idées et les sentiments de l'assistance vivement émue, a dignement couronné la cérémonie.

M. le maire s'est ensuite avancé sur l'estrade et a adressé, au nom de la ville, ses remercîments aux dames, à l'Académie française, à la députation des Sociétaires du Théâtre-Français et à toutes les personnes qui avaient bien voulu concourir à la solennité de la fête.

Puis M. le préfet, accompagné de M. le sous-préfet, de M. le général Lebreton et de M. le maire, s'est rendu sur la place Métézeau et a passé la revue des compagnies de pompiers de la ville et du canton, formant un effectif de près de 400 hommes, dirigés par leurs officiers respectifs.

Cette revue a été très-belle, et chacun a pu admirer l'excellente tenue de ces hommes d'élite et de cœur qui ne sont guidés dans l'accomplissement de leurs devoirs que par le seul désir d'être utiles à leurs concitoyens. Aussi M. le préfet les a chaleureusement félicités sur leur dévoûment et leur bonne tenue.

A cinq heures, sous la halle, ils ont pris part à une collation offerte par la ville et présidée par M. Mouton, capitaine de la compagnie de Dreux. La plus franche cordialité a constamment régné, et la présence de M. le préfet et de M. le maire au milieu des convives a été le signal de vivats souvent répétés.

Un banquet de 60 couverts a eu lieu à six heures précises à l'hôtel du Paradis, où assistaient M. le préfet, M. le sous-préfet, MM. de Falloux, Legouvé, Mesirard, Gromard, Lebreton, Édouard Thierry, Chasles, Desmousseaux de Givré père et fils, de Bourgoing, MM. Louis Enault, Fournier, Isambert, hommes de lettres, et autres personnes invitées, ainsi que plusieurs membres du conseil municipal et quelques habitants de la ville et des environs.

Des toasts ont été portés :

Le premier, par M. le maire : A l'Empereur !

« Puisse, a-t-il dit, la Providence lui accorder de longs jours pour le bonheur et la prospérité de l'Empire !

« A l'Impératrice, sa digne compagne, véritable sœur de charité de la France !

« Au Prince Impérial, l'espoir et la garantie de l'avenir ! »

Ce toast a été accueilli avec enthousiasme !

Puis, par M. le Préfet : A l'Administration municipale !

« Messieurs,

« J'ai la conviction d'être l'interprète de votre pensée à tous en félicitant M. le maire de Dreux de la solennité dont il nous a fait aujourd'hui ses témoins, un peu les acteurs, et qui répondait si bien d'ailleurs à un louable désir de l'opinion publique.

« Maintenant, monsieur le maire était-il personnellement bien désintéressé, je n'oserais l'affirmer.

« J'incline même à penser que, sans s'en douter, il a un peu fait ses propres affaires.

Non seulement l'érection d'une statue à Rotrou demeurera pour son administration un véritable titre de gloire ; mais il était bon pour elle de fouiller dans le passé et d'y trouver des termes de comparaison.

« Pour ma part, j'ai vainement cherché dans cette longue et belle histoire de Rotrou les traces d'une gestion plus active, plus vigilante, plus efficace, que celle de M. Mésirard.

« Si, loin de lui être fatal comme à Jean Rotrou, son dévoûment et son amour pour la ville de Dreux semblent ajouter chaque année à la vigueur et à la sérénité de sa verte vieillesse, c'est à nous de nous en féliciter ! A ses administrés surtout qui ne s'en font pas faute et qui, dans leur sympathie, je suis tenté de dire dans leur tendresse, n'ont jamais trouvé qu'un reproche à lui faire, celui de ne pas se ménager assez. »

Par M. Gromard : A l'Académie française, en ces termes :

« Au nom de notre antique cité,

« Je porte un toast à l'Académie française, à cette illustre Compagnie qui prend pour devise : *Vérité, honnêteté, bon goût.*

« Nous célébrons aujourd'hui la mémoire d'un poète, le souvenir d'un grand dévoûment ; à double titre l'Académie devait se rencontrer avec nous. Il y a plus de cinquante ans qu'elle nous avait devancés dans l'éloge de Rotrou ; mais le legs pieux d'un bon citoyen nous a permis d'acquitter enfin notre dette de reconnaissance.

« Toutes les belles actions sont du domaine de l'Académie. Lorsqu'elle va chercher dans les greniers, dans les chaumières, comme on chercherait un trésor, les vertus cachées pour les récompenser, des discours magnifiques, des applaudissements éclatants proclament au sein de réunions solennelles qu'elle a noblement rempli sa mission.

« Mais, ce qu'elle ignore peut-être, ce que nous pouvons lui dire, c'est combien plus vifs et plus nombreux encore sont les applaudissements des cœurs qui battent, des larmes qui coulent à la lecture de ces écrits pleins de hautes et touchantes pensées, au récit de ces actes d'abnégation sublime que la charité chrétienne inspire et que l'Académie sait honorer dans un langage digne d'elle.

« Après les révolutions dont nous reposons à peine, au milieu des ruines qui nous environnent, quand nous nous demandons ce que sont devenues les gloires de la vieille

France, nous sommes heureux de retrouver forte et féconde, comme au temps de sa jeunesse, cette institution deux fois séculaire, qui a survécu aux orages, et qui est restée debout pour montrer que la chaîne des traditions n'est pas rompue et que sa gloire présente peut rehausser encore toutes les gloires de son passé.

« A l'Académie française! A la patronne des belles-lettres et des belles actions ! »

M. de Falloux a répondu en exprimant, dans un langage véritablement académique, la promesse de rendre compte à sa Compagnie de la réception faite à ses délégués et dont il était personnellement reconnaissant. Il a terminé par ces mots : « Nous sommes venus vos hôtes, nous repartons vos amis ! »

Puis, M. le maire a proposé un toast à M. Allasseur, l'auteur de la statue du poète-magistrat, et à M. Thiébaut, qui a rendu avec tant d'habileté l'œuvre du statuaire.

Il a émis le vœu que M. le ministre des travaux publics se fasse rendre compte de l'œuvre et accorde à son auteur la juste récompense qui lui est due (1).

Ce toast a reçu l'accueil le plus sympathique.

Enfin, M. Gromard, reprenant la parole, propose un toast à la Comédie-Française, dont le bienveillant administrateur et les sociétaires sont venus apporter un si brillant éclat à notre fête, en faisant revivre sous nos yeux l'une des plus belles œuvres de Rotrou.

En terminant, M. Gromard a remercié tous les invités et

(1) Ce vœu a été exaucé : un décret impérial, en date du 10 août 1867, a nommé M. Allasseur chevalier de l'ordre de la Légion-d'Honneur.

particulièrement les représentants de la presse qui ont bien voulu concourir à la solennité.

Mais, l'heure de la représentation théâtrale étant sonnée, tous les convives se sont dirigés vers le théâtre pour assister au spectacle annoncé.

Ils ont été agréablement surpris en entendant, au lever du rideau, madame Tordeus réciter le prologue de la pièce des *Deux-Sosies* (Junon à la naissance d'Hercule), par notre poète-magistrat.

Puis, la tragédie de *Venceslas* a été représentée par MM. Maubant, Guichard, Sénéchal, Masset et Mazaudier, mesdames Poussin, Tordeus et Baretta, du Théâtre-Français, qui ont su rendre la pièce avec le talent qu'on leur connaît. Aussi ont-ils été couverts d'applaudissements.

Une ascension en ballon de M. Godard, aéronaute de Paris, un mât de cocagne et un feu d'artifice tiré à dix heures du soir sur la place Saint-Gilles, ont contribué aux réjouissances de la population.

Enfin les édifices publics étaient brillamment pavoisés et illuminés, et on a constaté avec plaisir que les habitants ont concouru dignement par la décoration de leurs maisons à la beauté de cette fête vraiment patriotique.

Le programme a été scrupuleusement rempli, à la satisfaction des populations qui s'étaient rendues en foule à Dreux pour rendre hommage à notre magistrat-poète.

Cette belle fête, favorisée par un temps magnifique, n'a été attristée par aucun accident, grâce à sa bonne organisation et à l'activité déployée par une personne dont le nom est dans toutes les bouches, qui a mérité les plus grands éloges et qui s'est acquis, une fois de plus, la reconnaissance de l'administration municipale.

AVERTISSEMENT

Nous trouvant en présence d'un texte plus considérable que nous ne supposions d'abord, et en outre ayant appris que M. Ambroise-Firmin Didot a, dans sa notice sur Rotrou, annoncé l'intention de donner au public « un Extrait de tout ce que les pièces du grand poète offrent de remarquable (1), » *nous avons pensé devoir abandonner l'idée annoncée dans notre avant-propos (page VI) de produire un extrait analogue. Par conséquent nous renvoyons le lecteur à l'œuvre de notre confrère et nous nous contentons de donner ici des notices analytiques concernant les deux chefs-d'œuvre de Rotrou.*

Nous avons du reste le projet de faire ultérieurement une publication spéciale de Saint-Genest *et de* Venceslas.

A la suite de ces deux notices nous publions la liste de toutes les œuvres de Rotrou.

---

(1) Page XII de l'ouvrage intitulé « *Chefs-d'Œuvre tragiques de Rotrou, Crébillon, etc., etc.* »

NOTICES

SUR

SAINT-GENEST & VENCESLAS

LISTE

DES

PIÈCES DE THÉATRE DE ROTROU

I.

Notice sur SAINT-GENEST.

EXTRAIT de l'ouvrage intitulé « *Œuvres de Jean de Rotrou*, » édité par Th. Desœr en 1820, avec développements de M. F. Didot en son ouvrage des « *Chefs-d'œuvre tragiques,* » édition de 1851 :

« L'Empereur Dioclétien accorde sa fille à Maximin, revenu vainqueur de l'Inde; des fêtes sont données à l'occasion de ce mariage et une représentation théâtrale en fait partie. Le martyre d'Adrien, que Maximin avait condamné à mort en haine des chrétiens et de leur religion, est le sujet d'une tragédie dont Genest, acteur célèbre de la cour de Maximin, remplit le principal rôle. Un théâtre s'élève au fond de la scène, où, après une répétition et des préparatifs dans lesquels le machiniste et les décorateurs paraissent, la cour vient assister à la tragédie. Genest commence son rôle aux applaudissements des spectateurs; mais, au moment où dans la pièce qu'il représente on promet des honneurs à Adrien s'il veut renoncer au vrai Dieu, frappé tout à coup de la grâce, ce n'est plus Adrien le martyr, c'est Genest qui parle pour lui-même : il insulte aux Dieux du Capitole; ses interlocuteurs troublés attendent en vain leur réclame; la pièce est interrompue; il déclare enfin qu'il adopte les sentiments qu'il n'avait fait qu'exprimer. Dioclétien irrité le condamne au supplice, et Genest reçoit la couronne du martyre.

« Le talent original de Rotrou se décèle tout entier dans la conception de cette singulière tragédie, qui renferme à un haut degré plusieurs des conditions de ce qu'on nomme aujourd'hui le romantisme, qui n'a pas été plus loin dans ses hardiesses, soit lorsque Rotrou place des comédiens sur la scène, soit lorsqu'il ose discuter le pour et le contre de la divinité du Christ.

« A des événements politiques, Rotrou n'a pas craint de joindre des peintures exactes et naïves d'intrigues de coulisses et des discussions littéraires dans lesquelles il a su faire entrer avec adresse l'éloge des ouvrages de Corneille.

Ces poèmes sans prix, où son illustre main
D'un pinceau sans pareil a peint l'esprit romain,
Rendront de leur beauté votre oreille idolâtre,
Et sont aujourd'hui l'âme et l'amour du théâtre.

Act. I, Sc. V.

« Cette variété de tons employée par Rotrou, et la vérité des divers sentiments qu'il a décrits, et mis en jeu, furent la principale cause de l'injuste oubli dans lequel était tombée cette tragédie ; cette même raison deviendrait un sujet d'éloges maintenant que l'on cherche à introduire une plus grande liberté dans notre système dramatique. Rotrou fournira aux novateurs des exemples qu'il est inutile d'aller chercher chez l'étranger.

« Voltaire a comparé plusieurs endroits de *Polyeucte* avec quelques-uns de *Saint-Genest* et souvent à l'avantage de Rotrou. Dans presque toute cette pièce, le style est énergique, et, bien qu'il soit entaché souvent de fautes contre le goût, l'on peut dire qu'il est cornélien. »

II.

Notices sur VENCESLAS.

Extrait de l'ouvrage intitulé « *Œuvres de Jean Rotrou*, » édité par Th. Desœr en 1820 :

« Nous ne croyons pas devoir donner une analyse de ce chef-d'œuvre de Rotrou, qui est en même temps un de ceux de la scène française, et qui par conséquent est suffisamment connu. Cette seule tragédie a placé Rotrou au niveau des plus grands tragiques dont notre théâtre s'honore; son succès ne s'est démenti à aucune de ses nombreuses reprises; il fut tel, lors de sa première représentation, que Rotrou, menacé d'être mis en prison pour dettes lorsque sa pièce était à l'étude, et l'ayant abandonnée aux comédiens pour deux cents francs, reçût après la réussite de l'ouvrage un présent considérable des acteurs, honteux du prix modique qu'ils lui en avaient donné. »

Extrait de la publication intitulée « *Chefs-d'œuvre tragiques, etc.*, » par Amb.-Firmin Didot, p. 60 :

« Tous les critiques et le temps, ce juge suprême! ont placé cette pièce au rang du petit nombre des chefs-d'œuvre de la scène française; si l'on y trouve encore quelques traces du mauvais goût du temps, et si le style, toujours ferme, n'est pas partout suffisamment correct, le mérite d'avoir paru presque en même temps que *le Cid* sert d'excuse à ses défauts de détails.

« Le sujet est tiré de l'ouvrage espagnol de Francesco de Roxas intitulé « *On ne peut être Père et Roi.* » Les personnages principaux sont dessinés de manière à faire beaucoup d'honneur au talent de Rotrou.

« Ce qui caractérise *Venceslas*, c'est l'amour de la justice, ce premier devoir des souverains : il sacrifie à ce devoir et les sentiments paternels et sa couronne; et ce qu'il montre de faiblesse dans le premier acte doit être attribué plutôt à son âge qu'à son caractère. La condescendance qu'il se croit forcé d'avoir tient d'un côté au désir de la paix domestique, bonheur le plus nécessaire à un vieillard, et de l'autre à l'ascendant que prend nécessairement un jeune prince, dont la valeur et l'impétuosité doivent plaire à une nation guerrière. Le duc de Courlande est le modèle d'un ministre que la faveur n'a point corrompu et d'un général que les succès n'ont pas enorgueilli. En servant le monarque, il rend tout ce qu'il doit à l'héritier de la couronne : sa modération résiste aux plus rudes épreuves, et sa grandeur d'âme va jusqu'au sacrifice le plus généreux; puisque, étant le maître de demander pour récompense la main d'une princesse qu'il aime, il préfère à son propre bonheur la vie de son plus grand ennemi. Mais, ce qu'il y a de plus beau et de plus dramatique dans cette pièce, c'est le rôle de Ladislas. On ne peut nier qu'il ne soit l'original de celui de Vendôme. Les efforts que Ladislas fait sur lui-même pour vaincre un penchant qui humilie sa fierté, ces combats perpétuels, ces alternatives d'une froideur affectée et d'un amour qui menace et qui supplie, sont d'un effet tragique que Rotrou n'avait pu trouver dans Corneille.

« Marmontel a fait des changements que l'on adopte ordinairement au théâtre, mais ces changements à mon avis sont beaucoup trop nombreux; il faut laisser à cet ouvrage son cachet d'ancienneté, car, « à défaut d'élégance, le style un peu suranné a un air de vétusté et de naturel qui ne lui messied pas et qui donne même un nouveau prix aux beautés, en rappelant leur époque. »

« Marmontel se plaint amèrement dans ses mémoires de ce que Le Kain, au moment de la représentation, jugea à propos de rétablir le texte de Rotrou, ce qui étonna les autres acteurs non prévenus et fit manquer les repliques du dialogue. Le Kain, fort de son talent, a peut-être donné une leçon salutaire et fait preuve de goût, en préférant conserver les fautes et la rudesse originale de l'ouvrage à des améliorations de détails qui ôtent le caractère et la physionomie antique d'un chef-d'œuvre que le public doit aller étudier autant qu'admirer.

« La Harpe a fait un examen très-détaillé de *Venceslas.* « Ce dialogue, » dit-il après avoir signalé les beautés de la grande scène entre Venceslas et Ladislas, « m'a toujours paru admirable. Il est parfaitement adapté aux circonstances et aux personnages, et il a surtout un caractère de simplicité touchante, rare dans tous les temps, mais alors absolument original, puisqu'on ne trouve rien, même dans Corneille, qui ressemble au ton de cette scène. » Et plus loin, après avoir signalé quelques scènes déplacées ou inutiles qui font languir l'action, il ajoute : « A l'égard du style, il offre des beautés réelles, particulièrement dans le rôle de Ladislas, le seul, avant Racine, où l'on ait peint les fureurs et les crimes dont l'amour est capable. »

« Du reste, lorsqu'on étudie les ouvrages de l'époque de Rotrou (continue M. Didot dans sa *Notice sur Rotrou*, p. XI, toujours dans l'ouvrage ci-devant indiqué), il faut bien se pénétrer de cette vérité (sur laquelle on a déjà insisté dans cette brochure) que ni le style ni les idées ne doivent être jugées d'après les idées actuelles et l'état de la langue, qui n'est plus aujourd'hui celle de Racine ni même de Voltaire. Combien de locutions, en effet, nous paraissent basses, et sont même devenues presque triviales, qui ne l'étaient point alors ; mais au contraire, créées le plus souvent par l'auteur lui-même, elles étaient pour la langue, pauvre, timide et encore embarrassée, d'utiles acquisitions! Combien d'autres locutions, qui nous semblent bizarres aujourd'hui, étaient alors conformes au style et au goût du public, qui leur donnait un sens dont nous ne pouvons reconnaître la valeur que par une sorte d'abstraction et en les comparant aux locutions analogues qu'employaient les auteurs contemporains!

« Parmi les innovations que l'on doit à Rotrou, il faut remarquer que ce fût lui qui introduisit l'usage des stances, dont Corneille a fait quelquefois un heureux usage. Quelques-unes de ces stances s'élèvent à la hauteur de la poésie lyrique; et l'emploi de divers rythmes, dont il est l'inventeur, prouve combien son oreille avait le sentiment de l'harmonie.

« Rotrou, dit Voltaire, avait mis les stances à la mode. Corneille, qui les employa, les condamne lui-même dans ses réflexions sur la tragédie. Elles ont quelque rapport à ces odes que chantaient les chœurs entre les scènes sur le théâtre grec. Les Romains les imitèrent : il me semble que c'était l'enfance de l'art. Il était bien plus aisé d'insérer ces inutiles déclamations entre neuf ou dix scènes, qui composaient une tragédie, que de trouver dans son sujet même de quoi animer toujours le théâtre et de soutenir une longue intrigue toujours intéressante. Lorsque notre théâtre commença à sortir de la barbarie et de l'asservissement aux usages anciens, pires encore que la barbarie, on substitua à ces odes des chœurs qu'on voit dans Garnier, dans Jodelle et dans Baïf, des stances que des personnages récitaient. Cette mode a duré cent années; le dernier exemple que nous ayons des stances est dans « *la Thébaïde* » (voir plus loin à la liste des œuvres de Rotrou). Racine se corrigea de ce défaut; il sentit que cette mesure, différente de la mesure employée dans la pièce, n'était pas naturelle; que les personnages ne devaient pas changer le langage convenu; qu'ils devenaient poètes mal à propos. » (Remarques sur *la Médée*, IV, sc. 5).

(Il nous est pourtant resté quelque chose de ce genre dans ce que nous appelons *le Vaudeville*).

« On aurait tort de s'étonner si l'on rencontre parfois, dans certaines comédies et tragi-comédies de Rotrou, quelques détails un peu libres; il était en cela en arrière de ses contemporains; car *la Sophonisbe* de Mairet, *la Lucrèce* de Duryer et même *le Clitandre* de Corneille, offrent des scènes peut-être plus inconvenantes que celles qu'on pourrait lui reprocher; et Voltaire, qui l'appelle *le fondateur* et *le maître de Corneille*, reconnaît que ce fût lui qui purgea la scène des indécences révoltantes que l'on ne craignait point d'y commettre de son temps. »

III.

Liste des Pièces de Théâtre de Rotrou.

		Jouées.	Imprimées.
1	*L'Hypocondriaque ou le Mort amoureux*, tragi-comédie	1628	1631
2	*La Bague de l'Oubli*, comédie	1628	1635
3	*Cléagénor et Doristée*, tragi-comédie	1630	1635
4	*La Diane*, comédie	1630	1635
5	*Les Occasions perdues*, tragi-comédie	1631	1636
6	*L'Heureuse Constance*, tragi-comédie	1631	1636
7	*Les Menechmes*, comédie	1632	1636
8	*Hercule mourant*, tragédie	1632	1636
9	*La Célimène*, comédie	1633	1637
	Id. Id.		1661
	Id. retouchée par Tristan sous le titre d'*Amaryllis*		1653
10	*L'Heureux Naufrage*, tragi-comédie	1634	1638
11	*La Céliane*, tragi-comédie	1634	1639
12	*La Belle Alphrède*, comédie	1634	1639
13	*La Pèlerine amoureuse*, tragi-comédie	1634	1638
14	*Le Filandre*, comédie	1635	1637

		Jouées.	Imprimées.
15	*Agésilan de Colchos*, tragi-comédie.	1635	1637
16	*L'Innocente Infidélité*, tragi-comédie	1635	1637
	Id. Id......		1638
17	*Clorinde*, comédie...............	1636	1637
18	*Amélie*, tragi-comédie...........	1637	1638
19	*Les Sosies*, comédie.............	1636	1638
	Id. sous le titre de « *la Naissance d'Hercule ou Amphitryon, comédie avec machines* ».......		1650
20	*Les Deux Pucelles*, tragi-comédie..	1636	1639
	Id. Id.......		1653
21	*Laure persécutée*, tragi-comédie...	1637	1639
	Id. Id.......		1646
	Id. Id.......		1643
22	*Antigone*, tragédie..............	1638	1639
23	*Les Captifs ou les Esclaves*, comédie	1638	1640
24	*Crisante*, tragédie..............	1639	1640
15	*Iphigénie en Aulide*, tragi-comédie.	1640	1641
26	*Clarice ou l'Amour constant*, comédie......................	1641	1643
27	*Bélisaire*, tragi-comédie.........	1643	1644
28	*Celie ou le vice-roi de Naples*, tragi-comédie....................	1645	1646
29	*La Sœur*, comédie................	1645	1647
	Id. sous le titre de *la Sœur généreuse*..................		1647
30	*Le Véritable Saint-Genest, comédien païen, représentant le Martyre d'Adrien*, tragédie............	1646	1648

	Jouées.	Imprimées.
31 *Don Bernard de Cabrère*, tragi-comédie......................	1647	1647
32 *Venceslas*, tragédie..............	1647	1647
Id. Id. retouchée 112 ans après par Marmontel.		
33 *Cosroès*, tragédie................	1649	1649
Id. Id. retouchée par d'Ussé en 1705.		
34 *Florimonde*, comédie............	1655	1655
35 *Don Lope de Cardone*, tragi-comédie......................	1650	1652

Toutes ces pièces sont en cinq actes et en vers.

Comme il a été dit déjà dans une note page 22, Th. Desœr en a imprimé la collection complète en 5 volumes in-8° en 1820, et M. Violet-Leduc a fait, en tête de chaque pièce, une notice historique et littéraire; mais il a supprimé les arguments de l'auteur et les épitres dédicatoires qui, pour être ridicules, n'appartenaient pas moins à Rotrou.

36 *L'Inconnu et Véritable Ami de MM. de Scudéry et Corneille*, opuscule sur *le Cid*. 1537

On a imprimé après la mort de Rotrou le « Dessin du poème de la grande pièce des machines de *la Naissance d'Hercule*, dernier ouvrage de M. de Rotrou, représenté sur le théâtre du Marais en 1650 »............. 1650

Quelques personnes lui attribuent encore : *Lisimène*;

Imprimées.

La Thébaïde;

Don Alvare de Lune;

Florante ou les Dédains amoureux et *l'Illustre Amazone;* il n'est pas absolument certain que la pièce publiée dans le cinquième volume des œuvres de Rotrou soit la sienne, si toutefois il en a fait une sous ce titre; mais on doit certainement compter au nombre des ouvrages de Rotrou deux pièces imprimées sous le nom des cinq auteurs :

L'Aveugle de Smyrne, tragi-comédie...... 1638

Id. Id......... 1639

La Comédie des Tuileries................ 1638

TABLE

PAGES.

INTRODUCTION I

I. — Les Rotrou, comtes du Perche 1
II. — Branche des seigneurs de Marsallins et de la Muette 6
III. — Branche des seigneurs de Saudreville, Fourchainville, Toisy, la Ronce, etc. 10
IV. — Jean de Rotrou, dit le *Grand* 14
V. — Descendance de Jean de Rotrou (le poète) et de Pierre de Rotrou, son frère 39
VI. — Chroniques de famille 46
VII. — Descendance de Germain, de Simon et de Claude de Rotrou 72
VIII. — Descendance d'Alain de Rotrou 72
IX. — Notes diverses 78

INAUGURATION DE LA STATUE DE ROTROU. . . . 97
Discours de M. Mésirard. 102
— M. de Charnailles. 103
— M. de Falloux 106
— M. Legouvé. 110
— M. Edouard Thierry 117

AVERTISSEMENT. 140

NOTICES SUR *SAINT-GENEST* ET *VENCESLAS* . . 141
I. — Notice sur *Saint-Genest*. 143
II. — Notices sur *Venceslas* 145
III. — Liste des pièces de théâtre de Rotrou. 151

NOTE sur l'assertion de M. Lamésange à propos des Armes de « la Maison de Rotrou, » page 8.

Il est difficile d'expliquer la phrase du premier adjoint de Dreux en 1836, exprimant au comte Milon de Villiers le regret que les armes des Rotrou, subsistantes dans l'église Saint-Pierre depuis Thomas de Rotrou, lieutenant général de Dreux sous Charles IX (page 6), « aient été effacées par la révolution ! » (page 8).

Nous avions reproduit ce passage de la lettre en toute confiance.... Néanmoins, le fait est qu'on les trouve encore !.... en petite proportion il est vrai, et dans le coin de l'un des vitraux du bas-côté droit de la vieille église.

Peut-être un écusson de plus grande dimension occupait-il une place plus ostensible dans une autre verrière qui aurait été brisée, ce qui justifierait le dire de M. Lamésange sur une destruction qui, heureusement, n'a point été totale.

Nous avouerons qu'il fallait des yeux intéressés à la recherche pour distinguer ce reste du vieux temps, car, avant de faire nous-même la découverte, nous étant renseigné près d'un habitué de l'église, on nous avait répondu « qu'il n'y avait plus rien ! »

Ces armes, comme on l'a dit, sont bien celles de la famille des Rotrou de Saudreville encore existante et issue de celle des Rotrou de Marsallins, celles-là mêmes que décrit la Chesnaye-Desbois au *Dictionnaire de la Noblesse.*

Une certaine précipitation dans le travail d'impression a donné lieu à quelques erreurs typographiques que nous réparons ici, bien que les deux dernières aient été copiées sur le compte-rendu des journaux du mois de juin 1867.

ERRATA.

Page 18. — Troisième alinéa : « A l'époque où Rotrou vivait.... » Lisez : *Qu'à l'époque.*

Page 45. — On a dit, à propos de Michel de Rotrou, qu'il fallait se reporter à la page 20. Lisez : *43.*

Page 91. — A propos de la comtesse Milon de Villiers, « l'une des petites nièces de Rotrou, » on a dit : « L'épidémie qui décime Paris vient aussi de moissonner.... » Lisez : *Vient ainsi....*

Page 130. — Discours de M. Thierry : « L'intrigue invraisemblable et prévue.... » Lisez : *Et imprévue.*

Page 131. — Même discours : « Ne pouvant se réduire à condamner.... » Lisez : *Se résoudre.*

DREUX
CHEZ M. CHARLES
LEMENESTREL
Imprimeur-Editeur
24, RUE D'ORLÉANS

Franco par la poste
Prix : 3 fr.

PARIS
DÉPOTS CHEZ MM.
DIDOT, 56, rue Jacob.
DOUNIOL, 29, rue de Tournon.
DE VRESSE, 55, r. de Rivoli.

Franco par la poste
Prix : 3 fr.

JEAN ROTROU

DIT « LE GRAND »

SES ANCÊTRES ET SES DESCENDANTS

SA VIE

Coup-d'Œil sur l'Art à son époque et sur ses Œuvres

CHRONIQUES EXTRAITES DES MANUSCRITS

d'une de ses petites-nièces

LA COMTESSE OLYMPE MILON DE LERNAY

COMPTE-RENDU DE LA SOLENNITÉ DU 30 JUIN 1867

Pour l'inauguration de la Statue

« DU POÈTE ILLUSTRE, MAGISTRAT HÉROIQUE »

A DREUX, sa patrie.

NOTICES SUR VENCESLAS ET SAINT-GENEST

DÉDIÉ
AUX ORATEURS ÉMINENTS
QUI ONT CÉLÉBRÉ ROTROU
LE 30 JUIN 1867

LETTRES

de M. le comte de FALLOUX — de M. LEGOUVÉ
de l'Académie française
et de M. THIERRY
Administrateur général de la Comédie-Française

Il est des noms destinés à devenir populaires, parce qu'ils rappellent ou les bienfaits du génie, ou les miracles du dévoûment : si pendant quelque temps ces noms restent dans l'ombre, ou ne reçoivent que des hommages restreints en certaines localités, tôt ou tard vient le moment où l'admiration et la reconnaissance du petit nombre gagnent les masses toujours prêtes à saluer ce qui porte le cachet du beau et du bien.

Les étoiles, on le sait, mettent des siècles à nous apporter leur lumière; l'heure arrive, cependant, où elles brillent pour nous au firmament. Une justice tardive, mais éclatante, sera bientôt complétement rendue à la mémoire de Jean de Rotrou, qui, grand par ses traditions de famille, grand par ses inspirations littéraires, grand surtout par la générosité de ses sentiments, avait droit à l'attention et à la sympathie générales. La ville de Dreux sa patrie, théâtre de sa mort sublime, vient de lui ériger une statue ; nos sommités littéraires lui ont dressé un monument plus durable encore en dessinant à grands traits, dans leurs discours éloquents, les beautés de son intelligence, les nobles instincts de son cœur; enfin la brochure que nous annonçons a pour but d'apprendre à toutes les catégories de lecteurs ce qui jusqu'ici n'était su que des érudits ; c'est-à-dire ce qu'était Rotrou et ce qui l'a rendu digne d'admiration.

Un grand homme se présente presque toujours escorté de grandes choses; de là l'intérêt qui s'attache aux événements ou aux personnages dont il est entouré. Nos récits, bien que succincts, seront donc de nature, nous l'espérons, à captiver nos lecteurs.

Nous devons plus d'un document intéressant aux archives *d'une petite-nièce de Rotrou, Madame la Comtesse Olympe Milon de Lernay*, qui, elle-même, dans sa carrière trop tôt brisée par la mort, a fait ses preuves à la manière de son ancêtre et a laissé de remarquables travaux littéraires. C'est par sa plume que se trouve traitée la partie anecdotique de notre opuscule, et ce n'est pas la moins attachante. Nous laissons aussi parler Rotrou lui-même dans plusieurs lettres peu connues; enfin nous reproduisons les discours si brillants de style, si nourris de fortes et riches pensées de MM. les fonctionnaires du département d'Eure-et-Loir; de M. le Comte de Falloux et de M. Legouvé, de l'Académie Française ; de M. Thierry, administrateur général de la Comédie-Française. Ceux-ci ont bien voulu témoigner de leur sympathie pour notre œuvre dans des lettres que nous sommes heureux de reproduire.

Les principaux ancêtres de Rotrou, entourés des vieilles chroniques qui s'y rattachent, ont trouvé place dans ce travail, et tous les rameaux encore existants, sortis de ces troncs illustres, y sont soigneusement indiqués. Notre brochure atteindra son but si elle fait connaître et aimer Rotrou, cet apôtre de l'art moralisateur, ce martyr du devoir.

Ayant cité plus haut le nom de la Comtesse Olympe Milon de Lernay comme petite-nièce de Rotrou, il est convenable que nous fassions connaître le genre et la portée de ses droits à l'attention des lecteurs, et nous pensons qu'ils nous sauront gré de leur indiquer tout d'abord, entre autres publications d'un mérite sérieux, une étude de mœurs intitulée « *La Marquise de Thérange,* » dont les principaux organes de la presse se sont occupés à plusieurs reprises et qui a déjà reçu *deux médailles d'honneur*, l'une de la « *Société des Sciences industrielles, Arts et Belles-Lettres,* » l'autre de la « *Société d'encouragement au bien.* » Voici dans quels termes s'exprime M. *Honoré Arnoul, secrétaire général de cette Société,* au sujet de l'auteur et de l'ouvrage (Paris, séance solennelle du 1er juin 1868) :

« Naguère, un homme d'esprit et de cœur, rendant hommage à une femme exceptionnellement douée, dont la tombe vient à peine de se fermer, disait : « Cependant la mourante abandonnait une création qui lui était chère, et que par une espèce de pressentiment elle appelait *Son testament.* C'était une étude de mœurs intitulée « *La Marquise de Thérange.* » Un soin restait à prendre, celui d'en assembler les chapitres : cela fut accompli avec piété, avec amour, par des sœurs tendrement dévouées à la mémoire de leur aînée.

« L'ouvrage s'imprime et sera, selon nous, un type parmi les publications chrétiennes; on a déjà dit de lui : « *Il éclaire les sommets et sollicite les ascensions de l'âme !* » Sa lecture est évidemment destinée aux jeunes femmes et aux jeunes hommes, et l'on sent dans ces pages attrayantes, comme dans tout ce qu'a écrit la Comtesse de Lernay, la chaude circulation de la foi qui remplissait son cœur.

« Fine appréciatrice du cœur humain, peintre habile, elle savai exprimer la passion avec vérité; mais chrétienne de bonne foi, elle résistait dans ses œuvres à la tentation artistique de produire une mise en scène incitatrice de ce déplorable sensualisme qui déshonore la littérature actuelle. » (1)

« Ce livre ainsi annoncé, continue M. Arnoul, devait être attendu avec impatience; il a paru enfin et, chose rare pour les œuvres louées d'avance, il a tenu plus encore qu'il ne promettait.

«Nous ne craignons pas de le dire: c'est le meilleur roman chrétien que nous connaissions : c'est une œuvre hors ligne qui glorifie l'art et la vertu sous toutes leurs formes; on y sent vivre à chaque page l'âme tout entière de celle qui l'a écrit. *La Marquise de Thérange* est l'idéal le plus élevé et la mise en scène la plus réelle du caractère de la femme chrétienne.

« Rendre hommage au livre, c'est donc rendre hommage à une mémoire justement regrettée; c'est poser une fleur sur une tombe qui mérite la double couronne de la « *Femme forte*, » on pourrait dire de la femme modèle, et de la femme artiste et poète. C'est encore donner une sorte de consécration aux idées fécondes et généreuses de l'auteur; c'est prendre une part à son œuvre de moralisation sociale, car, si (comme on l'a dit en parlant d'un autre de ses ouvrages) « *écrire un bon livre est faire une bonne action*, » contribuer à répandre ce livre, c'est continuer cette action salutaire et lui faire porter tous ses fruits. En conséquence, la « *Société Impériale d'encouragement au bien* » accorde à l'ouvrage une médaille d'honneur de première classe. » (2)

---

(1) Extrait (page 141) d'une brochure biographique concernant la Comtesse Olympe Milon de Lernay intitulée « *Hommages et souvenirs*, » par Célestin de Sévanne. Chez Douniol, 29, rue de Tournon.

Cet opuscule est d'un attachant intérêt : il est rempli de fleurs et de parfums.

(2) *La Marquise de Thérange*, par la Comtesse Olympe Milon de Lernay. Chez Albanel, libraire, 15, rue de Tournon.

(Du même auteur, d'autres œuvres de genres différents sont en voie de publication.)

PARIS. — IMP. DE VICTOR GOUPY, RUE GARANCIÈRE, 5.

www.ingramcontent.com/pod-product-compliance
Ingram Content Group UK Ltd.
Pitfield, Milton Keynes, MK11 3LW, UK
UKHW012216240726
13966UKWH00003B/800